Estudio Bíblico de la Generación Z

Lecciones inspiradoras de la Biblia para esta nueva generación

Zion Press

Tabla de contenido

Introducción   1

Como usar este libro   2

Materiales necesitados   4

Lección 1: Encontrar un propósito en la era digital   6

Lección 2: Navegando el drama de la amistad: lecciones de David y Jonathan   9

Lección 3: Superar FOMO (miedo a perderse algo) - Confiando en el plan de Dios   13

Lección 4: La justicia social y los profetas   17

Lección 5: Autocuidado en un mundo centrado en las redes sociales   21

Lección 6: Cómo lidiar con el acoso en línea - Sabiduría de los Salmos   25

Lección 7: Enfrentando la ansiedad - Aprendiendo del calmante de la tormenta por parte de Jesús   29

Lección 8: Autenticidad en una sociedad filtrada - La mujer en el pozo   33

Lección 9: Encontrar alegría en medio de la adversidad   37

Lección 10: Tecnología y Tentación - La historia de José   41

Lección 11: Construir una marca personal versus construir el Reino de Dios   45

Lección 12: El poder de la comunidad - Lecciones de la Iglesia Primitiva   49

Lección 13: Navegando por la dinámica familiar - La historia de Jacob y Esaú   54

Lección 14: Restaurar relaciones rotas - El hijo pródigo   59

Lección 15: Salud mental y fe - El viaje de Elías   64

Lección 16: Liderazgo en la era digital - Moisés y el Éxodo   68

Lección 17: Encontrar la identidad en Cristo - La transformación de Pablo   73

Lección 18: Influir en la cultura para Cristo - La postura de Daniel   78

Lección 19: Presión de grupo e integridad: Sadrac, Mesac y Abednego   81

Lección 20: Superar la comparación - Lecciones de Saúl y David   84

Lección 21: Imagen corporal y autoestima: hechas de manera temerosa y maravillosa   88

Lección 22: Responsabilidad financiera - Lecciones de los proverbios   92

Lección 23: El poder de la oración - La fe de Ana   96

Lección 24: El perdón en una cultura de cancelación   100

Lección 25: Citas y relaciones - Rut y Booz   104

Lección 26: Servir a los demás en un mundo que se sirve a sí mismo - El buen samaritano   108

Lección 27: Encontrar el equilibrio - María y Marta   112

Lección 28: Confiando en los tiempos de Dios - Abraham y Sara   116

Lección 29: Superar la duda - El encuentro de Tomás con Jesús   120

Lección 30: Cultivando la gratitud - Los diez leprosos   124

Lección 31: Encontrar un propósito en el dolor - El viaje de José   128

Lección 32: Influencia de las redes sociales: lecciones de Esther   132

Lección 33: Resistir la tentación: la experiencia de Jesús en el desierto   136

Lección 34: Abrazar la diversidad - Lecciones de Pentecostés   140

Lección 35: Gestión Ambiental - La Creación de Dios   144

Lección 36: Rechazo y resiliencia - El llamado de Jeremías   148

Lección 37: Construyendo límites saludables - Lecciones de Nehemías   152

Lección 38: Liderazgo en crisis: el estilo de liderazgo de Moisés   156

Lección 39: Manejando el estrés - Los Salmos de David   160

Lección 40: La virtud de la paciencia: esperar las promesas de Dios   164

Lección 41: Comunicación en conflicto - Cartas de Pablo   168

Lección 42: Presión de grupo y fidelidad - La prueba de Daniel   172

Lección 43: Equilibrar el trabajo y el descanso - Principios del sábado   176

Lección 44: Confiar en Dios en la incertidumbre - La historia de Job   180

Lección 45: Vencer el miedo - El liderazgo de Josué   184

Lección 46: Navegando por los cambios culturales - Jesús y la mujer samaritana   188

Lección 47: Sanación y plenitud - Los milagros de

Jesús 192

Lección 48: Construyendo resiliencia - Lecciones de las Bienaventuranzas 196

Lección 49: Cultivando un corazón de adoración: Los Salmos del rey David 200

Lección 50: Legado e Impacto - La Gran Comisión de Jesús 204

Carga final 208

Introducción

Bienvenido a la guía definitiva para toda mi familia de la Generación Z: *"Estudio bíblico de la generación Z: lecciones inspiradoras de la Biblia para esta nueva generación"*! 🙌
Ahora sé lo que estás pensando...**Estudio Bíblico**? ¿No es súper anticuado y aburrido? Bueno, espera, porque este no es el estudio bíblico de tu abuela. Estamos a punto de sumergirnos en la antigua sabiduría de la Biblia y descomponerla en un lenguaje que nos hable a nosotros: el equipo de la Generación Z que vive en este mundo loco y acelerado.

En este libro, abordaremos todo tipo de temas que son relevantes para nosotros, desde lidiar con el drama en las redes sociales hasta encontrar nuestro propósito en un mundo que cambia constantemente. Pero no te preocupes, lo mantendremos real y fácil de identificar, porque seamos honestos: nadie tiene tiempo para conferencias aburridas o lenguaje obsoleto.

Así que abróchate el cinturón, familia, porque estamos a punto de embarcarnos en un viaje de descubrimiento, crecimiento y empoderamiento. Prepárese para sumergirse profundamente en la Palabra y descubrir las verdades eternas que tienen el poder de transformar nuestras vidas y nuestro mundo. ¡Hagámoslo! 💥

Como usar este libro

Muy bien, familia, antes de pasar a lo bueno, déjame desglosarte: cómo usar este libro como un jefe.

- **Elige tu lección:** Lo primero es lo primero, consulte el índice y elija una lección que le llame la atención. Ya sea que esté lidiando con un drama, luchando por encontrar su propósito o simplemente necesite algo de aliento, aquí hay una lección para usted.

- **Lee la leccion:** Una vez que haya elegido su lección, sumérjase y léala. Hemos dividido cada lección en secciones fáciles de digerir, para que pueda absorber la sabiduría sin sentirse abrumado.

- **Reflexiona sobre ello:** Después de haber leído la lección, tómate un tiempo para reflexionar sobre ella. Hemos incluido preguntas de reflexión al final de cada lección para ayudarle a pensar más profundamente sobre cómo se aplica a su vida.

- **Ore por ello:** Finalmente, dedica un tiempo a la oración. Hemos incluido una oración de oración al final de cada lección para ayudarte a conectarte con Dios y aplicar lo que has aprendido en tu vida.

Recuerde, este libro pretende ser una herramienta que le ayudará a crecer en su fe y a navegar por los altibajos de la vida. Así que no tenga miedo de sumergirse, hacer preguntas y explorar la sabiduría de la Biblia de una manera que sea significativa para usted. ¡Consigámoslo! 🚀

Materiales necesitados

Muy bien, equipo, antes de comenzar, asegurémonos de que tienen todo lo que necesitan para sumergirse en este estudio bíblico como un profesional. Esto es lo que necesitarás:

- **Una Biblia:** Lo primero es lo primero: necesitarás una Biblia. Ahora puedes usar la versión que quieras, ya sea una copia física o digital en tu teléfono o tableta. Sólo asegúrese de tener fácil acceso a la Palabra, porque esa será nuestra principal fuente de sabiduría e inspiración.

- **Cuaderno y bolígrafo:** A continuación, coge una libreta y un bolígrafo. Querrás anotar tus pensamientos, reflexiones y oraciones a medida que avanzas en cada lección. Además, escribir cosas puede ayudarte a recordarlas mejor. Créeme, ¡funciona!

- **Mente y corazón abiertos:** Por último, pero no menos importante, ven con la mente y el corazón abiertos. Este estudio bíblico trata de explorar las verdades eternas de la Palabra de una manera nueva y relevante, así que esté dispuesto a interactuar con el material y dejar que le hable justo donde se encuentra.

Y eso es todo, familia: ya está todo listo para sumergirse en el "Estudio bíblico de la Generación Z" como un jefe. Así que toma tu Biblia, tu cuaderno y prepárate para experimentar la

Palabra de una manera completamente nueva. ¡Hagámoslo!
🙌

Lección 1: Encontrar un propósito en la era digital

En un mundo donde nuestros feeds están inundados de me gusta, tendencias y FOMO (miedo a perderse algo), encontrar nuestro propósito puede parecer como buscar un emoji oculto en un mar de hashtags. ¡Pero espera! La Biblia deja caer una gran sabiduría sobre cómo navegar en esta jungla digital y encontrar nuestro verdadero propósito. ¡Vamos a sumergirnos en ello!

Versículos de la Biblia:

Jeremías 29:11: "¡Dios tiene grandes planes para ustedes, familia! Planes para darles esperanza y un futuro".
Efesios 2:10: "Eres la obra maestra de Dios, diseñada para hacer cosas épicas".
Mateo 6:33: "Pon a Dios primero y todo lo demás encajará".

Exposición:

Entonces, compruébalo: Dios tiene un plan personalizado para cada uno de nosotros, no un plan genérico que sirve para todos. Es como el mejor entrenador de vida, que nos prepara para el éxito y la satisfacción. Nuestro propósito no es perseguir influencia o acumular seguidores; se trata de vivir el plan único de Dios para nosotros.

- **El Plan Único de Dios:** Dios no se trata de esa vida de copiar y pegar. Se trata de elaborar un plan hecho a su medida. Su plan no es detenerte; se trata de prepararte para brillar y marcar la diferencia en el mundo.

- **Creado para buenas obras:** No eres una cara más entre la multitud, familia. Eres la obra maestra de Dios, diseñada para generar un impacto positivo. Entonces, aprovecha esos talentos y pasiones y prepárate para hacer algo bueno en el mundo.

- **Buscando a Dios primero:** En lugar de perseguir los gustos y la validación, concéntrate en lo que realmente importa: el reino de Dios. Cuando priorizamos nuestra relación con Dios, todo lo demás encaja. ¡Es como ganar el premio gordo espiritual!

Lecciones clave:

- **Identidad en Dios:** Tu valor no se mide por tu número de seguidores o tus me gusta. Tu identidad se encuentra en ser hijo de Dios. Una vez que te des cuenta de eso, podrás lograr tu propósito con confianza.

- **Sirviendo a los demás:** El verdadero propósito se encuentra en servir a los demás y generar un impacto positivo. Entonces, use esas habilidades y talentos para animar a los demás y difundir un poco de amor. Ahí es donde está la verdadera satisfacción.

- **Abrazar el crecimiento:** Encontrar su propósito no es algo que ocurre una sola vez; es un viaje. Acepta los altibajos y deja que Dios te transforme en la persona para la que Él te creó. ¡Se trata de ese crecimiento, cariño!

Preguntas de reflexión:

- ¿Qué distracciones te impiden concentrarte en tu propósito?
- ¿Cómo puedes utilizar tus talentos y pasiones para generar un impacto positivo?
- ¿Qué pasos puedes tomar para priorizar tu relación con Dios en tu vida diaria?

Punto de oración:

Oye Dios, ayúdame a concentrarme en Tu plan para mi vida y a confiar en que tienes grandes cosas guardadas para mí. Amén. 🙏

Lección 2: Navegando el drama de la amistad: lecciones de David y Jonathan

Muy bien, familia, todos hemos pasado por eso: enredados en un drama de amistad como si fuera una especie de telenovela de las redes sociales. Pero no temas, porque la Biblia tiene algo importante que decir sobre cómo navegar a través de todo ese lío. ¡Sumerjámonos en las vibraciones de amistad de David y Jonathan y aprendamos algunas claves importantes!

Versículos de la Biblia:

1 Samuel 18:1: "Después que David terminó de hablar con Saúl, Jonatán se hizo uno en espíritu con David y lo amó como a sí mismo".

1 Samuel 20:42: "Jonatán dijo a David: 'Ve en paz, porque hemos jurado amistad entre nosotros en el nombre del Señor, diciendo: 'El Señor es testigo entre tú y yo, y entre tus descendencia y mi descendencia para siempre."

Proverbios 17:17: "En todo tiempo ama el amigo, y para el tiempo de adversidad nace un hermano".

Exposición:

Entonces, imagina esto: David y Jonathan son como los mejores amigos de la Biblia. Su amistad es un objetivo de siguiente nivel y nos muestran cómo superar los altibajos del drama de la amistad como verdaderos jefes.

- **Solidaridad en la Amistad:** Cuando David y Jonathan se conocen por primera vez, hay una conexión instantánea. Son como almas hermanas, vibrando en la misma longitud de onda. Su vínculo se basa en el amor, la confianza y la lealtad, los objetivos fundamentales de la amistad.

- **Enfrentando desafíos juntos:** Incluso cuando las probabilidades están en su contra, David y Jonathan se apoyan mutuamente. Hacen un pacto para apoyarse y protegerse siempre mutuamente, pase lo que pase. Esa es esa verdadera energía de "viajar o morir" allí mismo.

- **Mantenerse fiel a través de las luchas:** A pesar del drama y los obstáculos que enfrentan, David y Jonathan siguen siendo leales el uno al otro. Su amistad se pone a prueba una y otra vez, pero nunca dejan que nada se interponga entre ellos. Son como el dúo de poder de amistad definitivo, que mata a todos los que odian.

Lecciones clave:

- **Conexión auténtica:** Las verdaderas amistades se basan en una conexión genuina y el respeto mutuo. Cuando vibras con alguien en un nivel profundo, es como encontrar a tu alma gemela, excepto que de una manera platónica, por supuesto.

- **Lealtad y Apoyo:** Los verdaderos amigos se apoyan mutuamente en las buenas y en las malas. Se mantienen unidos durante el drama y siempre tienen un hombro en el que apoyarse cuando las cosas se ponen difíciles.

- **Forjando vínculos fuertes:** La amistad no se trata sólo de los buenos momentos; se trata de capear las tormentas juntos. Cuando atraviesas desafíos con un amigo a tu lado, solo fortalece el vínculo entre ustedes.

Preguntas de reflexión:

- ¿Qué cualidades valoras más en un amigo y cómo puedes incorporar esas cualidades en tus propias amistades?
- ¿Alguna vez te has enfrentado a una situación en la que tuviste que elegir entre la lealtad a un amigo y la lealtad a otra persona? ¿Cómo lo manejaste?
- ¿Cómo puedes ser un mejor amigo para quienes están en tu vida, especialmente en momentos de dificultad o drama?

Punto de oración:

Hola Dios, gracias por el regalo de la amistad y por mostrarnos a través de David y Jonatán cómo es la verdadera amistad. Ayúdame a ser un amigo leal y solidario con quienes están en mi vida. Amén. 🙌

Lección 3: Superar FOMO (miedo a perderse algo) - Confiando en el plan de Dios

Muy bien, equipo, hablemos de FOMO: esa sensación de perdernos algo que nos golpea como una tonelada de ladrillos cada vez que navegamos por nuestras fuentes. ¿Pero adivina que? Dios tiene un plan para cada uno de nosotros y es mucho mejor que cualquier cosa que podamos imaginar. ¡Profundicemos en cómo podemos superar FOMO y confiar en el plan de Dios como verdaderos jefes!

Versículos de la Biblia:

Jeremías 29:11: "Porque yo sé los planes que tengo para vosotros", declara el Señor, "planes para prosperaros y no para haceros daño, planes para daros esperanza y un futuro".

Proverbios 3:5-6: "Confía en el Señor con todo tu corazón y no te apoyes en tu propia prudencia; sométete a él en todos tus caminos, y él enderezará tus veredas".

Salmo 37:4: "Deléitate en el Señor, y él te concederá los deseos de tu corazón".

Exposición:

Entonces, aquí está el trato: FOMO es como nuestro peor enemigo en la era digital. Es esa sensación persistente de que todos los demás lo pasan mejor, más genial o más emocionante que nosotros. Pero espera: el plan de Dios para nosotros es único, hecho a medida y totalmente iluminado.

- **El Plan Perfecto de Dios:**Cuando Dios dice que tiene planes para nosotros, no está jugando. Sus planes son claros: se trata de bendecirnos, darnos esperanza y prepararnos para un futuro épico. Entonces, ¿por qué estresarse por perdernos algo cuando Dios nos respalda?

- **Confiando en Dios:** Proverbios 3:5-6 nos deja una gran sabiduría: confía en el Señor con todo tu corazón, y no te apoyes en tu propio entendimiento. ¿Traducción? Puede que el plan de Dios no siempre tenga sentido para nosotros, pero debemos confiar en que Él sabe lo que está haciendo. Cuando dejamos de lado el FOMO y confiamos en Dios, Él nos guiará por el camino correcto.

- **Encontrar gozo en Dios:**Salmo 37:4 nos recuerda que cuando nos deleitamos en el Señor, Él nos conecta con los deseos de nuestro corazón. Entonces, en lugar de obsesionarnos con lo que hacen los demás, concentrémonos en construir nuestra relación con Dios y encontrar gozo en Su presencia. Créame, es mucho mejor que cualquier fiesta o evento que induzca FOMO.

Lecciones clave:

- **Abrazar la satisfacción:** FOMO se nutre del descontento, pero cuando confiamos en el plan de Dios y encontramos satisfacción en Él, nos damos cuenta de que ya tenemos todo lo que necesitamos para vivir una vida plena.

- **Dejar ir la comparación:** La comparación es el combustible que alimenta al FOMO. Cuando dejamos de comparar nuestras vidas con las de los demás y comenzamos a aceptar nuestro propio viaje, somos libres de seguir el plan de Dios sin distraernos con lo que los demás están haciendo.

- **Vivir con Propósito:** El plan de Dios para nosotros no se trata sólo de evitar FOMO; se trata de vivir con un propósito y marcar una diferencia en el mundo. Cuando confiamos en Dios y seguimos Su ejemplo, entramos en la plenitud de Su plan para nuestras vidas.

Preguntas de reflexión:

- ¿Cuáles son algunas áreas de tu vida en las que experimentas más FOMO y cómo puedes confiar en el plan de Dios en esas áreas?
- ¿Cómo puedes cultivar el contentamiento y el gozo en tu relación con Dios, especialmente cuando te sientes tentado a compararte con los demás?

- ¿Qué pasos puedes tomar para perseguir activamente el plan de Dios para tu vida y vivir con propósito?

<u>Punto de oración:</u>

Oye Dios, ayúdame a confiar en Tu plan para mi vida y a encontrar gozo y contentamiento en Tu presencia. Cuando FOMO intente infiltrarse, recuérdame que Tu plan es perfecto y que tengo todo lo que necesito en Ti. Amén. ⭐

Lección 4: La justicia social y los profetas

Muy bien, familia, seamos realistas: el mundo está lleno de injusticia y opresión, y depende de nosotros levantarnos y marcar la diferencia. Los profetas de la Biblia fueron los guerreros de la justicia social de OG y nos muestran lo que significa luchar por lo que es correcto y defender a los marginados. ¡Profundicemos en cómo podemos ser agentes de cambio en nuestro mundo actual!

Versículos de la Biblia:

Miqueas 6:8: "Él te ha mostrado, oh mortal, lo que es bueno. ¿Y qué exige el Señor de ti? Que actúes con justicia, que ames la misericordia y que camines humildemente con tu Dios".
Isaías 1:17: "Aprende a hacer el bien; busca la justicia. Defiende a los oprimidos. Toma la causa del huérfano; defiende el caso de la viuda".
Amós 5:24: "¡Pero que la justicia corra como un río, la rectitud como una corriente inagotable!"

Exposición:

Entonces, aquí está el trato: la justicia social no es sólo un hashtag de moda: está en el corazón del carácter de Dios. Los profetas de la Biblia tenían como objetivo decirle la verdad al poder, defender a los oprimidos y luchar por la igualdad. Sus palabras todavía suenan ciertas hoy cuando enfrentamos las injusticias en nuestro propio mundo.

- **Actuando con Justicia:** Miqueas 6:8 establece la ley: Dios requiere que actuemos con justicia, amemos la misericordia y caminemos humildemente con Él. ¿Traducción? No podemos simplemente sentarnos y ver cómo sucede la injusticia: tenemos que arremangarnos y hacer algo al respecto.

- **Defender a los oprimidos:** Isaías 1:17 nos da nuestras órdenes de marcha: buscar justicia, defender a los oprimidos y defender a aquellos que no pueden defenderse por sí mismos. Ya sea luchando contra el racismo sistémico, abogando por la igualdad de género o defendiendo los derechos de los refugiados, debemos estar en primera línea, luchando por la justicia.

- **Dejar fluir la justicia:** Amós 5:24 pinta un cuadro de la justicia fluyendo como un río, sin secarse ni agotarse nunca. Nuestra lucha por la justicia no es algo que ocurre una sola vez: es una búsqueda incesante de la rectitud que continúa fluyendo, sin importar los obstáculos que se interpongan en nuestro camino.

Lecciones clave:

- **Defender lo que es correcto:** La justicia social no es sólo una opción para los seguidores de Jesús: es algo no negociable. Cuando vemos que se produce una injusticia, no podemos simplemente hacer la vista gorda: debemos levantarnos y luchar por lo que es correcto.

- **Amplificando voces:** Como aliados, es nuestro trabajo utilizar nuestros privilegios y plataformas para amplificar las voces de quienes están marginados y oprimidos. Ya sea a través de las redes sociales, el trabajo de promoción o el apoyo a movimientos de base, debemos usar nuestras voces para animar a otros.

- **Continuando la lucha:** La lucha por la justicia no terminará hasta que todos sean libres. Incluso cuando parezca que el progreso es lento o que se producen retrocesos, debemos seguir avanzando, sabiendo que Dios está de nuestro lado y que, en última instancia, prevalecerá la justicia.

Preguntas de reflexión:

- ¿Cuáles son algunas de las injusticias que ves en tu comunidad o en el mundo y cómo puedes tomar medidas para abordarlas?
- ¿Cómo puedes usar tu voz, plataforma y recursos para abogar por la justicia social y defender a quienes están marginados?
- ¿Qué pasos puedes tomar para cultivar un corazón de compasión y empatía por quienes sufren injusticias en nuestro mundo?

__Punto de oración:__

Dios, ayúdame a ser una voz para los que no tienen voz, un defensor de los oprimidos y un defensor de la justicia en nuestro mundo. Dame el coraje para hablar contra la injusticia y la sabiduría para saber cómo marcar la diferencia. Amén.

●

Lección 5: Autocuidado en un mundo centrado en las redes sociales

Muy bien, equipo, hablemos de cuidado personal, porque en un mundo donde las redes sociales reinan, es más importante que nunca cuidarnos mental, emocional y espiritualmente. ¡Así que toma tus mascarillas y profundicemos en cómo podemos practicar el cuidado personal como verdaderos jefes en un mundo centrado en las redes sociales!

Versículos de la Biblia:

Salmo 23:1-3: "El Señor es mi pastor, nada me falta. En verdes pastos me hace reposar, junto a aguas tranquilas me conduce, refresca mi alma".

Mateo 11:28-30: "Venid a mí todos los que estáis cansados y agobiados, y yo os haré descansar. Llevad mi yugo sobre vosotros y aprended de mí, que soy manso y humilde de corazón, y encontraréis descanso para vuestras almas."

Gálatas 6:9-10: "No nos cansemos de hacer el bien, porque a su tiempo cosecharemos si no nos damos por vencidos. Por tanto, según tengamos oportunidad, hagamos el bien a todos. pueblo, especialmente a los que pertenecen a la familia de los creyentes".

Exposición:

Entonces, seamos realistas: el cuidado personal no se trata solo de baños de burbujas y mascarillas faciales (¡aunque definitivamente también son importantes!). Se trata de nutrir nuestro bienestar mental, emocional y espiritual para que podamos mostrar lo mejor de nosotros mismos, tanto en línea como en la vida real.

- **Encontrar descanso en Dios:** El Salmo 23 nos recuerda que Dios es nuestra principal fuente de descanso y refrigerio. Cuando nos sentimos abrumados por el caos de las redes sociales, podemos encontrar consuelo en la presencia de Dios, sabiendo que Él siempre está ahí para restaurar nuestras almas.

- **Dejar ir las cargas:** Mateo 11:28-30 nos invita a venir a Jesús y encontrar descanso para nuestras almas cansadas. En lugar de tratar de cargar el peso del mundo sobre nuestros hombros, podemos entregarle nuestras cargas y encontrar verdadero descanso en Su abrazo.

- **Perseverar en Hacer el Bien:** Gálatas 6:9-10 nos anima a no cansarnos de hacer el bien, tanto para nosotros mismos como para los demás. El autocuidado no se trata sólo de cuidarnos a nosotros mismos, sino también de mostrar bondad y compasión hacia quienes nos rodean, especialmente aquellos que forman parte de nuestras comunidades en línea y fuera de línea.

Lecciones clave:

- **Estableciendo límites:**En un mundo centrado en las redes sociales donde las notificaciones nunca se detienen, es crucial establecer límites y priorizar nuestro bienestar. Ya sea limitar el tiempo frente a la pantalla, tomar descansos regulares o dejar de seguir cuentas que desencadenan emociones negativas, debemos hacer lo mejor para nosotros.

- **Relaciones enriquecedoras:** El cuidado personal no se trata sólo de actividades en solitario, sino también de invertir en relaciones que nos brinden alegría y apoyo. Ya sea pasar tiempo de calidad con amigos y familiares, unirnos a un grupo pequeño o ser voluntario en nuestras comunidades, rodearnos de influencias positivas es esencial para nuestro bienestar.

- **Practicando la gratitud:** La gratitud es como un superpoder que puede transformar nuestra forma de pensar y nuestra visión de la vida. Al cultivar un espíritu de gratitud y centrarnos en las bendiciones de nuestra vida, podemos contrarrestar los efectos negativos de las redes sociales y cultivar una sensación de satisfacción y plenitud.

Preguntas de reflexión:

- ¿Cuáles son algunas prácticas de cuidado personal que le ayudan a recargar energías y rejuvenecer en medio de un mundo centrado en las redes sociales?
- ¿Cómo puedes establecer límites en torno al uso de las redes sociales para proteger tu bienestar mental y emocional?
- ¿De qué manera puedes mostrar bondad y compasión hacia los demás, tanto en línea como fuera de línea, como parte de tu rutina de cuidado personal?

Punto de oración:

Dios, gracias por ser nuestra fuente de descanso y refrigerio en un mundo que nunca duerme. Ayúdanos a priorizar el autocuidado y cultivar hábitos saludables que nutran nuestra mente, cuerpo y alma. Amén. 🌿

Lección 6: Cómo lidiar con el acoso en línea - Sabiduría de los Salmos

Muy bien, seamos realistas: el acoso en línea es como el lado oscuro de las redes sociales y es algo con lo que ninguno de nosotros debería tener que lidiar. ¿Pero adivina qué? Los Salmos están llenos de sabiduría y consuelo para esos momentos en que los que nos odian se acercan a nosotros. ¡Profundicemos en cómo podemos lidiar con el acoso en línea como verdaderos guerreros de la fe!

<u>Versículos de la Biblia:</u>

Salmo 27:1-3: "El Señor es mi luz y mi salvación. ¿A quién temeré? El Señor es la fortaleza de mi vida. ¿De quién temeré? Cuando los malvados avancen contra mí para devorarme. , son mis enemigos y mis adversarios los que tropezarán y caerán. Aunque un ejército me asedie, mi corazón no temerá; aunque estalle la guerra contra mí, aun así estaré confiado.

Salmo 34:17-18: "Los justos claman, y el Señor los oye; los libra de todas sus angustias. El Señor está cerca de los quebrantados de corazón y salva a los abatidos de espíritu".

Salmo 37:1-2: "No te impacientes por los malvados ni tengas envidia de los que hacen el mal; porque como la hierba pronto se secarán, como las plantas verdes pronto se marchitarán".

Exposición:

Muy bien, familia, dejemos una cosa clara: lidiar con el acoso en línea no es una broma. Puede hacernos sentir heridos, aislados y francamente derrotados. Pero los Salmos son como un salvavidas que nos ofrece consuelo, fuerza y esperanza en medio de la tormenta.

- **Encontrar fuerza en Dios:** El Salmo 27 nos recuerda que no importa cuán feroces puedan ser los que nos odian, no debemos temer porque Dios es nuestra luz y salvación. Cuando nos sentimos abrumados por la oscuridad del acoso en línea, podemos recurrir a Dios como nuestra fortaleza y encontrar refugio en Su amor y protección.

- **La promesa de liberación de Dios:** El Salmo 34 nos asegura que cuando clamamos al Señor en nuestra angustia, Él nos escucha y nos libra de nuestros problemas. Incluso cuando nos sentimos aplastados y con el corazón quebrantado, Dios está cerca, listo para consolarnos y levantarnos de las profundidades de la desesperación.

- **Confiando en la Justicia de Dios:** El Salmo 37 nos anima a no preocuparnos por la maldad de nuestros enemigos ni a tener envidia de su éxito temporal. Al final, su poder se desvanecerá como la hierba, pero la justicia de Dios prevalecerá, vindicando a los justos y trayendo juicio sobre los malvados.

Lecciones clave:

- **Buscando apoyo:** Lidiar con el acoso en línea puede parecer como librar una batalla por nuestra cuenta, pero no tenemos por qué hacerlo solos. Comuníquese con amigos, familiares o mentores de confianza que puedan ofrecerle apoyo, aliento y perspectiva durante tiempos difíciles.

- **Guardando nuestros corazones:** Si bien es importante abordar el acoso en línea y defendernos, también debemos proteger nuestros corazones contra la negatividad y la toxicidad que puede traer a nuestras vidas. Rodéate de positividad, concéntrate en las cosas que te elevan e inspiran, y no dejes que los que te odian apaguen tu luz.

- **Practicando el perdón:** Por difícil que sea, el perdón es un arma poderosa contra el ciclo de odio y represalias. En lugar de guardar rencores o buscar venganza, elige perdonar a quienes te han hecho daño y libera la carga de amargura de tu corazón.

Preguntas de reflexión:

- ¿Alguna vez ha experimentado acoso en línea o ha sido testigo de cómo le sucedió a otra persona? ¿Cómo te afectó y cómo respondiste?

- ¿Cómo puedes cultivar la resiliencia y la fuerza interior para resistir los desafíos del acoso en línea sin comprometer tus valores o tu sentido de autoestima?
- ¿De qué manera puedes extender gracia y compasión a quienes participan en acoso en línea, reconociendo que las personas heridas a menudo lastiman a otros?

Punto de oración:

Dios, dame fuerza para mantenerme firme frente al acoso en línea, valor para hablar en contra de la injusticia y gracia para perdonar a quienes me lastimaron. Ayúdame a encontrar refugio en Tu presencia y confiar en Tu amor inagotable. Amén. ◆

Lección 7: Enfrentando la ansiedad - Aprendiendo del calmante de la tormenta por parte de Jesús

Muy bien, equipo, hablemos de ansiedad: esa sensación punzante en la boca del estómago que nos mantiene despiertos por la noche y nos hace sentir como si nos ahogaramos en un mar de preocupación. ¿Pero adivina que? Jesús sabe exactamente por lo que estamos pasando y está listo para calmar las tormentas en nuestras vidas. Profundicemos en cómo podemos afrontar la ansiedad con fe y valentía, tal como lo hicieron los discípulos de Jesús en el mar tempestuoso.

Versículos de la Biblia:

Mateo 8:23-27: "Entonces subió a la barca y sus discípulos lo siguieron. De repente se levantó en el lago una tormenta tan fuerte que las olas barrían la barca. Pero Jesús estaba durmiendo. Los discípulos se fueron. y lo despertó, diciendo: '¡Señor, sálvanos! ¡Nos vamos a ahogar!' Él respondió: 'Tú, de poca fe, ¿por qué tienes tanto miedo?' Entonces se levantó y reprendió a los vientos y a las olas, y todo quedó en completa calma. Los hombres estaban asombrados y preguntaban: '¿Qué clase de hombre es éste? ¡Hasta los vientos y las olas le obedecen!'

Filipenses 4:6-7: "Por nada estéis afanosos, sino que en toda situación, con oración y petición, con acción de gracias, presentad vuestras peticiones a Dios. Y la paz de Dios, que sobrepasa todo entendimiento, guardará vuestros corazones y vuestros pensamientos en Cristo Jesús."

3. 1 Pedro 5:7: "Echad toda vuestra ansiedad sobre él, porque él tiene cuidado de vosotros".

Exposición:

Muy bien, analicémoslo en detalle: la ansiedad es como esa tormenta que nos golpea de la nada, arrojándonos y amenazando con abrumarnos. Pero así como Jesús calmó la tormenta para sus discípulos, también está listo para calmar las tormentas de ansiedad en nuestras vidas.

- **Encontrar la paz en Jesús:** En Mateo 8, vemos a Jesús y sus discípulos atrapados en una furiosa tormenta en el mar. Mientras los discípulos se asustan, Jesús permanece tranquilo, durmiendo plácidamente en la barca. Cuando lo despiertan presas del pánico, Jesús reprende la tormenta y trae calma instantánea. ¿Traducción? Jesús tiene el poder de traer paz incluso a las situaciones más caóticas de nuestras vidas.

- **Practicar la fe sobre el miedo:** La respuesta de Jesús a la ansiedad de sus discípulos es una suave reprimenda: "Hombres de poca fe, ¿por qué tenéis tanto miedo?" Ay, ¿verdad? Pero es un recordatorio para nosotros de que incluso en medio de nuestros miedos y preocupaciones, podemos elegir la fe en lugar del miedo. Cuando entregamos nuestras ansiedades a Dios en oración, Él nos llena de Su paz que sobrepasa todo entendimiento.

- **Echando nuestras preocupaciones a Dios:** 1 Pedro 5:7 nos recuerda que debemos echar todas nuestras ansiedades a Dios porque Él se preocupa por nosotros. En lugar de cargar el peso de nuestras preocupaciones sobre nuestros propios hombros, podemos confiar en que Dios está con nosotros en cada paso del camino, listo para cargar con nuestras cargas y darnos la fuerza para enfrentar cualquier cosa que se nos presente.

Lecciones clave:

- **Pasando a la oración:** Cuando llega la ansiedad, la oración es nuestro salvavidas. En lugar de tratar de pelear nuestras batallas solos, podemos acudir a Dios en oración, derramando nuestro corazón y confiando en Él para calmar las tormentas en nuestras vidas.

- **Practicando la atención plena:** La atención plena se trata de estar presente en el momento y sintonizarnos con nuestros pensamientos y emociones sin juzgar. Al practicar técnicas de atención plena como respiración profunda, meditación y ejercicios de conexión a tierra, podemos calmar nuestra mente acelerada y encontrar la paz en medio de la ansiedad.

- **Buscando apoyo:** Así como los discípulos de Jesús acudieron a Él en busca de ayuda en la tormenta, no tenemos que enfrentar la ansiedad solos. Comuníquese con amigos, familiares o profesionales de la salud mental de confianza que puedan ofrecerle apoyo, aliento y orientación durante tiempos difíciles.

Preguntas de reflexión:

- ¿Cómo se manifiesta la ansiedad en su vida y qué desencadena sus pensamientos o sentimientos de ansiedad?
- ¿Cuáles son algunos pasos prácticos que puedes tomar para incorporar la oración y la atención plena en tu rutina diaria como herramientas para controlar la ansiedad?
- ¿Quiénes son algunas personas de confianza en su vida a quienes puede acudir en busca de apoyo y aliento cuando se sienta abrumado por la ansiedad?

Punto de oración:

Dios, en momentos de ansiedad, ayúdame a acudir a Ti en oración y encontrar paz en Tu presencia. Recuérdame tu poder para calmar las tormentas en mi vida y lléname de fe para confiar en tu amor y cuidado inagotables. Amén.

Lección 8: Autenticidad en una sociedad filtrada - La mujer en el pozo

Muy bien, familia, hablemos de autenticidad, porque en un mundo donde todos seleccionan sus vidas para cada gramo, es fácil quedar atrapado en el juego de las comparaciones y perder de vista quiénes somos realmente. ¿Pero adivina que? La historia de la Mujer junto al pozo nos recuerda que Jesús nos ve tal como somos realmente, con defectos y todo, y nos ama incondicionalmente. Profundicemos en cómo podemos abrazar la autenticidad en una sociedad filtrada y vivir nuestro verdadero yo con confianza y gracia.

Versículos de la Biblia:

Juan 4:7-10: "Cuando una mujer samaritana vino a sacar agua, Jesús le dijo: '¿Me darás de beber?' (Sus discípulos habían ido al pueblo a comprar comida.) La mujer samaritana le dijo: "Tú eres judío y yo soy samaritana. ¿Cómo puedes pedirme de beber?" (Porque los judíos no se relacionan con los samaritanos.) Jesús le respondió: 'Si supieras el don de Dios y quién es el que te pide de beber, le habrías pedido y él te habría dado agua viva.'"

Juan 4:28-30: "Entonces, dejando su cántaro de agua, la mujer volvió al pueblo y dijo a la gente: 'Venid, ved a un hombre que me contó todo lo que hice. ¿Será éste el Mesías? ?' Salieron de la ciudad y se dirigieron hacia él".

Juan 4:39-42: "Muchos de los samaritanos de aquel pueblo creyeron en él por el testimonio de la mujer: 'Me contó todo lo que hice'. Entonces los samaritanos vinieron a él, le instaron a que se quedara con ellos, y él se quedó dos días. Y a causa de sus palabras muchos más creyeron.

Exposición:

Muy bien, seamos realistas: la Mujer del Pozo tenía un pasado. No estaba viviendo su mejor vida y lo sabía. Pero cuando se encontró con Jesús, Él vio más allá de sus defectos y le ofreció gracia, aceptación y agua viva que sació su sed más profunda. ¿Y adivina qué? Él nos ofrece lo mismo a nosotros también.

- **Ver más allá de la superficie:** Cuando Jesús se encuentra con la Mujer en el pozo, ve más allá de su identidad samaritana, su género y sus errores pasados. Él ve su corazón, su anhelo de algo más, y le ofrece el agua viva de su gracia y verdad.

- **Dejando atrás la vergüenza:** Después de encontrarse con Jesús, la Mujer del Pozo no oculta su pasado ni pretende ser alguien que no es. Ella proclama con valentía a su comunidad: "Venid a ver a un hombre que me contó todo lo que hice". Deja atrás su cántaro de agua, un símbolo de su vergüenza y su pasado, y abraza su nueva identidad como hija amada de Dios.

- **Compartiendo nuestras historias:**La autenticidad y vulnerabilidad de la Mujer del Pozo llevan a muchos

34

en su comunidad a encontrar a Jesús por sí mismos. Su testimonio se convierte en un testimonio poderoso del poder transformador del amor y la aceptación de Jesús.

Lecciones clave:

- **Aceptando la vulnerabilidad:** La autenticidad requiere vulnerabilidad: se trata de ser real y honesto acerca de quiénes somos, incluso cuando sea incómodo o aterrador. Cuando aceptamos la vulnerabilidad, creamos espacio para conexiones más profundas y relaciones genuinas.

- **Dejar ir la vergüenza:** La vergüenza prospera en el secreto y el silencio, pero pierde su poder cuando la sacamos a la luz. Como la Mujer en el Pozo, podemos dejar atrás nuestra vergüenza y nuestros errores del pasado a los pies de Jesús, sabiendo que Él nos ofrece perdón, redención y vida nueva.

- **Compartiendo nuestras historias:** Nuestras historias tienen el poder de impactar a otros y señalarles a Jesús. Al compartir nuestras experiencias de la gracia, la sanación y la transformación de Dios, podemos inspirar y animar a otros en su propio camino de fe.

Preguntas de reflexión:

- ¿En qué áreas de tu vida luchas por ser auténtico y qué miedos o inseguridades te impiden aceptar la vulnerabilidad?
- ¿Cómo el encuentro con Jesús ha transformado tu identidad y te ha fortalecido para vivir auténticamente? Reflexiona sobre los momentos en los que has experimentado Su gracia y aceptación.
- ¿Quiénes son algunas personas en tu vida con quienes puedes compartir tu yo auténtico y tu camino de fe, sabiendo que te ofrecerán amor, apoyo y aliento?

Punto de oración:
Dios, gracias por vernos tal como somos realmente y amarnos incondicionalmente. Ayúdanos a abrazar la autenticidad en un mundo que valora la perfección y los filtros. Danos el coraje para ser vulnerables, la fuerza para dejar de lado la vergüenza y la sabiduría para compartir nuestras historias con los demás, señalándoles Tu amor transformador. Amén. ✳

Lección 9: Encontrar alegría en medio de la adversidad

Muy bien, familia, hablemos de encontrar alegría cuando la vida nos lanza una bola curva. Es como cuando estás emocionado por la vida y luego BAM: la adversidad te golpea como una bola de demolición. ¿Pero adivina que? La alegría no es sólo una emoción fugaz: es un estado del ser que podemos aprovechar incluso en los momentos más difíciles. ¡Profundicemos en cómo podemos encontrar alegría en medio de la adversidad como verdaderos campeones!

Versículos de la Biblia:

Santiago 1:2-4: "Hermanos míos, tened por sumo gozo cuando os encontréis en diversas pruebas, sabiendo que la prueba de vuestra fe produce paciencia. Que la perseverancia acabe su obra, para que podáis Sed maduros y completos, sin que os falte nada".
Filipenses 4:4: "Estad siempre alegres en el Señor. Lo diré otra vez: ¡Estad alegres!"
Romanos 12:12: "Sed alegres en la esperanza, pacientes en la aflicción, fieles en la oración".

Exposición:

Muy bien, seamos realistas: encontrar alegría en medio de la adversidad no es tarea fácil. Es como intentar encontrar un arcoíris en medio de una tormenta. Pero la Biblia nos lanza algunas bombas de sabiduría importantes sobre cómo podemos aprovechar ese gozo, incluso cuando la vida nos pone obstáculos.

- **Alegría en las pruebas:** Santiago 1:2-4 nos golpea con algunas palabras reales: considérelo puro gozo cuando enfrente pruebas de todo tipo. ¿Esperar lo? ¿Alegría en las pruebas? Si, escuchaste bien. Porque cuando enfrentamos desafíos de frente, se fortalece el carácter, la fuerza y la resiliencia en nosotros. Es como ir al gimnasio: sin dolor no hay ganancia.

- **Regocijándonos siempre:** Filipenses 4:4 nos golpea con una doble dosis de gozo: regocíjense en el Señor SIEMPRE. ¿Notas ese énfasis? Sí, no se trata sólo de cuando las cosas van como queremos o cuando nos sentimos bien, es TODO el tiempo. Porque nuestro gozo no depende de nuestras circunstancias: está arraigado en nuestra relación con Dios.

- **Esperanza en acción:** Romanos 12:12 nos lo explica: sed gozosos en la esperanza, pacientes en la aflicción, fieles en la oración. Se trata de mantener la fe y aferrarse a la esperanza, incluso cuando las cosas parecen sombrías. Porque al final vence la esperanza, y la alegría es el dulce fruto de esa esperanza.

Lecciones clave:

- **Cambio de perspectiva:** Encontrar alegría en la adversidad no se trata de fingir que todo está bien o ignorar nuestras luchas. Se trata de cambiar nuestra perspectiva y reconocer que incluso en los momentos más difíciles, siempre hay algo por lo que estar agradecido y esperanzado.

- **Construyendo resiliencia:** La adversidad no está destinada a quebrarnos, sino a fortalecernos. Cuando enfrentamos desafíos con valentía y resiliencia, fortalece nuestra fe y carácter, preparándonos para cualquier cosa que la vida nos depare.

- **Elegir la alegría:**La alegría no es sólo un sentimiento: es una elección. Se trata de elegir intencionalmente enfocarnos en lo bueno, confiar en la bondad de Dios y encontrar gozo en medio de cada circunstancia, sabiendo que Él está con nosotros en cada paso del camino.

Preguntas de reflexión:

- ¿Cuáles son algunos de los desafíos o adversidades que has enfrentado en tu vida y cómo te han convertido en la persona que eres hoy?
- ¿Cómo se puede cultivar una mentalidad de alegría y gratitud, incluso cuando se enfrentan circunstancias difíciles o contratiempos?
- ¿De qué manera puedes apoyar y animar a otros que están pasando por adversidades, ayudándolos a encontrar alegría y esperanza en medio de sus luchas?

Punto de oración:

- Dios, gracias por ser nuestra fuente de gozo y esperanza, incluso en medio de la adversidad. Ayúdanos a encontrar alegría en cada situación, sabiendo que Tú estás con nosotros y que Tus planes para nosotros son buenos. Amén.

Lección 10: Tecnología y Tentación - La historia de José

Muy bien, familia, hablemos del arma de doble filo de la tecnología. Es como tener el mundo al alcance de la mano, pero también puede llevarnos por caminos oscuros y peligrosos si no tenemos cuidado. Pero no temas, porque la historia de José en la Biblia nos muestra cómo navegar las tentaciones de la tecnología como un jefe. ¡Profundicemos y aprendamos algunas claves importantes!

Versículos de la Biblia:

Génesis 39:7-10: "Y después de un tiempo, la esposa de su amo, notando a José, le dijo: '¡Ven a acostarte conmigo!' Pero él se negó. "Estando yo a cargo", le dijo, "mi amo no se ocupa de nada en la casa; todo lo que posee lo ha confiado a mi cuidado. Nadie es más grande en esta casa que yo. Mi mi amo no me ha negado nada excepto a ti, porque eres su esposa. ¿Cómo, pues, podría yo hacer tal mal y pecar contra Dios? Y aunque ella hablaba con José día tras día, él se negaba a acostarse con ella o incluso a estar con ella."

1 Corintios 10:13: "No os ha sobrevenido ninguna tentación que no sea común a los hombres. Y fiel es Dios; no os permitirá ser tentados más allá de lo que podéis soportar. Pero cuando sois tentados, también os proveerá. una salida para que puedas soportarlo."

Proverbios 4:23: "Por encima de todo, guarda tu corazón, porque todo lo que haces fluye de él".

Exposición:

Muy bien, seamos realistas: la tecnología puede ser una bendición y una maldición. Es como tener un genio en una botella, concediendo todos nuestros deseos con solo tocar una pantalla. Pero así como José enfrentó la tentación en la casa de Potifar, nosotros también enfrentamos la tentación cada vez que levantamos el teléfono o iniciamos sesión en las redes sociales.

- **Manteniéndose fuerte:** La historia de José en Génesis 39 es como una clase magistral sobre cómo resistir la tentación. A pesar de los constantes avances de la esposa de Potifar, José se mantiene fiel a sus valores y se niega a ceder a la tentación. Sabe que caer en el pecado no sólo traicionaría a su amo sino que también deshonraría a Dios. Es como cuando tu amigo intenta presionarte para que hagas algo que sabes que está mal: debes mantenerte fuerte y defender tu posición como lo hizo Joseph.

- **La fidelidad de Dios:** 1 Corintios 10:13 nos recuerda que ninguna tentación es demasiado grande para que podamos manejarla, y Dios siempre proporciona una salida. Es como tener un código de trampa en un videojuego: cuando las cosas se ponen difíciles, Dios nos respalda y nos muestra el camino para escapar de la tentación. Ya sea eliminando una aplicación tentadora, estableciendo límites en nuestro tiempo frente a la pantalla o pidiendo ayuda a un amigo de confianza, Dios nos equipa con las herramientas que necesitamos para resistir la tentación y mantenernos en el camino correcto.

- **Guardando nuestros corazones:** Proverbios 4:23 nos deja una gran sabiduría: por encima de todo, guarda tu corazón, porque todo lo que haces fluye de él. En un mundo donde nos bombardean constantemente con mensajes e imágenes que pueden desviarnos, es crucial proteger nuestros corazones y mentes de las influencias negativas de la tecnología. Es como ponerse una armadura antes de ir a la batalla: debemos armarnos y proteger nuestros corazones contra las tentaciones de este mundo.

Lecciones clave:

- **Conozca sus límites:** Así como José se negó incluso a estar con la esposa de Potifar, debemos establecer límites y respetarlos cuando se trata de tecnología. Ya sea evitando ciertos sitios web, limitando el tiempo frente a la pantalla o dejando de seguir cuentas que nos llevan a la tentación, conocer nuestros límites nos ayuda a mantenernos fuertes frente a la tentación.
- **Busque responsabilidad:** No lo hagas solo, familia: rodéate de un equipo de amigos de confianza que te respaldarán y te harán responsable cuando la tentación llegue. Ya sea que se trate de un chat grupal donde pueden expresar sus luchas o un sistema de amigos donde se comunican entre sí con regularidad, tener socios responsables puede marcar la diferencia a la hora de resistir la tentación.
- **Manténgase arraigado en la Palabra de Dios:** La mejor defensa contra la tentación es una ofensiva fuerte, y nada nos prepara mejor que sumergirnos

profundamente en la Palabra de Dios. Ya sea comenzar el día con un devocional, memorizar versículos de las Escrituras que hablan de sus luchas o unirse a un grupo de estudio bíblico, permanecer arraigados en la Palabra de Dios nos ayuda a mantenernos firmes y enfocados en lo que realmente importa.

Preguntas de reflexión:

- ¿Cuáles son algunas maneras en que la tecnología te tienta y te aleja del camino de Dios para tu vida?
- ¿Cómo puedes establecer límites en torno al uso de la tecnología para proteger tu corazón y resistir la tentación?
- ¿Quiénes son algunos socios responsables en los que puede apoyarse y animarse en su camino para resistir la tentación y permanecer fiel a Dios?

Punto de oración:

Dios, gracias por equiparnos con la fuerza y la sabiduría para resistir la tentación, incluso en medio de un mundo conocedor de la tecnología. Ayúdanos a proteger nuestros corazones y mentes contra las influencias negativas de la tecnología y a permanecer arraigados en Tu Palabra. Amén. ∎ 6

Lección 11: Construir una marca personal versus construir el Reino de Dios

Muy bien, familia, hablemos de la cultura del ajetreo y la presión para construir nuestras marcas personales en un mundo en el que todo gira en torno a la autopromoción y el ascenso en la escala social. ¿Pero adivina que? Jesús nos da la vuelta al guión y nos muestra que la verdadera grandeza no se encuentra en la construcción de nuestros propios imperios, sino en la construcción del reino de Dios. Profundicemos en lo que significa priorizar el reino de Dios sobre nuestras propias marcas personales.

Versículos de la Biblia:

Mateo 6:33: "Pero buscad primero su reino y su justicia, y todas estas cosas también os serán dadas".

Mateo 23:11-12: "El mayor entre vosotros será vuestro servidor. Porque los que se enaltecen serán humillados, y los que se humillan serán enaltecidos".

Filipenses 2:3-4: "Nada hagáis por ambición egoísta o por vanagloria. Más bien, con humildad, estimad a los demás por encima de vosotros mismos, no mirando por vuestro propio interés, sino cada uno de vosotros por el de los demás".

Exposición:

Muy bien, seamos realistas: en un mundo en el que todo gira en torno a la autopromoción y el ascenso en la escala social, es fácil quedar atrapado en el ajetreo y olvidar lo que realmente importa. Pero Jesús nos lanza algunas bombas de verdad importantes sobre lo que significa priorizar el reino de Dios sobre nuestras propias marcas personales.

- **Buscando el Reino de Dios:** Mateo 6:33 establece la ley: busque primero el reino de Dios y su justicia, y todo lo demás se arreglará. Es como cuando priorizas tu misión principal en un videojuego: todo lo demás se vuelve secundario para hacer avanzar el reino de Dios.

- **El Camino de la Humildad:** Mateo 23:11-12 nos cambia el guión: el más grande entre nosotros no es el que tiene más seguidores o la plataforma más grande, sino el que sirve a los demás con humildad. Es como cuando tu amigo antepone las necesidades de los demás a las suyas propias: ese es el verdadero movimiento de MVP.

- **Valorar a los demás por encima de nosotros mismos:** Filipenses 2:3-4 nos golpea con una verdad importante: no hagas cosas por ambición egoísta o vanidad. En cambio, valora a los demás por encima de ti mismo y vela por sus intereses. Es como cuando animas a tu equipo y celebras sus éxitos como si fueran tuyos: eso es verdadera amistad.

Lecciones clave:

- **Poniendo a Dios primero:** Construir el reino de Dios no se trata de promovernos a nosotros mismos, sino de promover Sus propósitos y traer gloria a Su nombre. Cuando buscamos primero Su reino y justicia, Él se encarga del resto.
- **Elegir la humildad:** La verdadera grandeza no se encuentra en ascender en la escala social o acumular seguidores; se encuentra en servir a los demás con humildad y anteponer sus necesidades a las nuestras. Cuando nos humillamos, Dios nos exalta en Su tiempo perfecto.
- **Vivir con Propósito:** En lugar de perseguir la fama, la fortuna o el éxito, concentrémonos en vivir con un propósito y marcar una diferencia en la vida de los demás. Ya sea sirviendo en nuestras comunidades, compartiendo el amor de Cristo o animando a otros en oración, invirtamos nuestro tiempo y talentos en lo que realmente importa: construir el reino de Dios.

Preguntas de reflexión:

- ¿Cuáles son algunas formas en las que priorizas la construcción de tu marca personal sobre el avance del reino de Dios en tu vida?
- ¿Cómo puedes cultivar un corazón de humildad y servicio, anteponiendo las necesidades de los demás a tus propios deseos y ambiciones?

- ¿De qué manera puedes usar tus dones, talentos y recursos para hacer avanzar el reino de Dios y generar un impacto positivo en la vida de los demás?

Punto de oración:

Dios, ayúdanos a priorizar la construcción de Tu reino por encima de nuestras ambiciones y deseos personales. Danos la humildad para servir a los demás con amor y compasión, y el coraje para vivir con propósito e intencionalidad. Que todo lo que hagamos traiga gloria a Tu nombre y haga avanzar Tu reino aquí en la tierra. Amén. ♠●

Lección 12: El poder de la comunidad - Lecciones de la Iglesia Primitiva

Muy bien, familia, hablemos del poder de la comunidad, porque juntos somos más fuertes que solos. Es como tener un equipo que te respalda en las buenas y en las malas, te levanta cuando estás abajo y celebra contigo cuando estás arriba. ¿Y adivina qué? La iglesia primitiva sabía un par de cosas sobre la comunidad, y podemos aprender algunas claves importantes de su ejemplo. ¡Sumerjámonos y descubramos el poder de la comunidad!

Versículos de la Biblia:

Hechos 2:42-47: "Se dedicaron a la enseñanza de los apóstoles y a la comunión, a la fracción del pan y a la oración. Todos estaban asombrados de las muchas maravillas y señales que hacían los apóstoles. Todos los Los creyentes estaban juntos y tenían todo en común. Vendían propiedades y posesiones para dárselas a cualquiera que tuviera necesidad. Continuaban reuniéndose todos los días en el atrio del templo. Partían el pan en sus casas y comían juntos con corazones alegres y sinceros, alabando Dios y gozando del favor de todo el pueblo. Y el Señor añadía cada día a su número los que iban siendo salvos."

Hebreos 10:24-25: "Y consideremos cómo estimularnos unos a otros al amor y a las buenas obras, no dejando de congregarnos, como algunos tienen por costumbre, sino animándonos unos a otros, y todos cuanto más veis que se acerca el día".

1 Tesalonicenses 5:11: "Por tanto, anímense unos a otros y edifíquense unos a otros, tal como lo están haciendo".

Exposición:

Muy bien, seamos realistas: la vida puede ser dura y, a veces, sentimos que lo afrontamos solos. Pero la iglesia primitiva nos muestra que cuando nos unimos en comunidad, nos volvemos imparables. Es como cuando formas un equipo con tu escuadrón en un videojuego: juntos pueden superar cualquier obstáculo que se les presente.

- **Devoción al compañerismo:** Hechos 2:42-47 presenta un cuadro de cómo es la verdadera comunidad. Los primeros creyentes no sólo cumplían con las formalidades: se dedicaban al compañerismo, partiendo el pan juntos, orando juntos y apoyándose unos a otros en amor. Es como cuando encuentras tu tribu y, de repente, no sólo estás sobreviviendo, sino que estás prosperando.

- **Animándose unos a otros:** Hebreos 10:24-25 nos recuerda la importancia de estimularnos unos a otros hacia el amor y las buenas obras. Cuando nos reunimos en comunidad, tenemos el poder de animarnos unos a otros, inspirarnos unos a otros y empujarnos unos a otros a ser las mejores versiones de nosotros mismos. Es como cuando tu amigo te anima a perseguir tus sueños, incluso cuando te sientes desanimado: ese es el poder de la comunidad en acción.

- **Edificándonos unos a otros:** 1 Tesalonicenses 5:11 nos sorprende con una verdad importante: animarnos unos a otros y edificarnos unos a otros. En un mundo donde derribarnos unos a otros parece ser la norma, seamos contraculturales y optemos por animarnos unos a otros con palabras de aliento, actos de bondad y apoyo genuino. Es como cuando ves a un amigo luchando y le ofreces un oído que te escucha y un hombro en el que apoyarte: de eso se trata la comunidad.

Lecciones clave:

- **Encontrar tu tribu:** La vida es mejor juntos, familia. En lugar de hacerlo solo, rodéate de un equipo de creyentes con ideas afines que te apoyarán, te animarán y caminarán junto a ti en tu camino de fe. Ya sea unirse a un grupo pequeño, servir juntos en el ministerio o simplemente reunirse para tomar un café y conversar, encuentre su tribu y vivan la vida juntos.
- **Invertir en relaciones:** La comunidad no surge por casualidad: requiere esfuerzo intencional e inversión en las relaciones. Tómate el tiempo para conocer a tus hermanos y hermanas en Cristo, escuchar sus historias, compartir las tuyas y construir conexiones genuinas que vayan más allá de las interacciones superficiales. Ya sea almorzando después de la iglesia, organizando una noche de juegos u orando juntos, inviertan en construir relaciones significativas que durarán toda la vida.

- **Ser vulnerable:** La verdadera comunidad se construye sobre la vulnerabilidad: se trata de ser reales y auténticos unos con otros, compartiendo nuestras alegrías y nuestras luchas, nuestras victorias y nuestras derrotas. No tengas miedo de abrirte y ser vulnerable con tus hermanos y hermanas en Cristo; te sorprenderá la profundidad de la conexión y el apoyo que se obtienen cuando bajas la guardia y dejas que otros entren en tu corazón.

Preguntas de reflexión:

- ¿Qué significa comunidad para usted y cómo ha impactado en su vida ser parte de una comunidad de fe?
- ¿Quiénes son algunas de las personas clave en su vida que lo han apoyado, alentado y caminado junto a usted en su camino de fe? Tómate un momento para agradecerles y reflexionar sobre cómo su presencia te ha moldeado.
- ¿De qué manera puedes invertir más intencionalmente en construir una comunidad dentro de tu iglesia o comunidad de fe? Considere comunicarse con alguien con quien no se ha conectado por un tiempo, unirse a un nuevo grupo pequeño o equipo ministerial, o invitar a un amigo a tomar un café y ponerse al día.

Punto de oración:

Dios, gracias por el don de la comunidad y el apoyo y aliento que encontramos en nuestros hermanos y hermanas en Cristo. Ayúdanos a invertir en la construcción de relaciones auténticas, a ser vulnerables y abiertos unos con otros, y a estimularnos unos a otros hacia el amor y las buenas obras. Que nuestras comunidades sean un reflejo de Tu amor y gracia, atrayendo a otros a Tu familia y a Tu reino. Amén.
🙌🤚👫

Lección 13: Navegando por la dinámica familiar - La historia de Jacob y Esaú

Muy bien, familia, hablemos de familia, porque seamos realistas, la dinámica familiar puede ser complicada. Es como intentar recorrer un laberinto con los ojos vendados, con giros y vueltas en cada esquina. ¿Pero adivina que? La historia de Jacob y Esaú nos brinda algunas claves importantes para navegar las relaciones familiares con gracia, perdón y amor. Profundicemos y descubramos qué podemos aprender de su viaje.

Versículos de la Biblia:

Génesis 25:29-34: "Una vez, mientras Jacob estaba cocinando un guiso, Esaú llegó del campo, hambriento, y le dijo a Jacob: '¡Rápido, déjame un poco de ese guiso rojo! Estoy hambriento !' (Por eso también le llamaban Edom.) Jacob respondió: "Véndeme primero tu primogenitura". "Mira, estoy a punto de morir", dijo Esaú. "¿De qué me sirve la primogenitura?" Pero Jacob dijo: "Júrame primero". Entonces él le hizo juramento y vendió su primogenitura a Jacob. Entonces Jacob le dio a Esaú pan y guisado de lentejas. Comió y bebió, luego se levantó y se fue. Y Esaú menospreció su primogenitura.

Génesis 27:41-45: "Esaú guardó rencor a Jacob a causa de la bendición que su padre le había dado. Y dijo para sí: 'Los días del duelo por mi padre están cerca; entonces mataré a mi hermano Jacob. .' Cuando Rebeca supo lo que había dicho

Esaú, su hijo mayor, envió a buscar a Jacob, su hijo menor, y le dijo: "Tu hermano Esaú planea vengarse matándote. Ahora bien, hijo mío, haz lo que te digo: huye de una vez a mi hermano Labán en Jarán. Quédate con él por algún tiempo, hasta que se calme el enojo de tu hermano.

Exposición:

Muy bien, seamos realistas: el drama familiar no es una broma, y la historia de Jacob y Esaú es como una telenovela con todos sus giros y vueltas. Desde la rivalidad entre hermanos hasta la traición y la reconciliación, su viaje es una montaña rusa de emociones y lecciones que debemos aprender.

- **La rivalidad entre hermanos:** El drama comienza con Jacob haciendo un movimiento turbio, engañando a su hermano Esaú para que renuncie a su primogenitura por un plato de guiso. Es como cuando tu hermano te roba las patatas fritas y promete devolverte el dinero más tarde, excepto que en este caso es un derecho de nacimiento en juego. Las acciones de Jacob causan resentimiento y amargura entre los hermanos, preparando el escenario para conflictos futuros.
- **Traición y engaño:** La trama se complica cuando Jacob y su madre llevan a cabo el engaño máximo, engañando a su padre ciego Isaac para que bendiga a Jacob en lugar de a Esaú. Es como un giro de la trama que nunca viste venir, excepto que en lugar de una película de Hollywood, está sucediendo en la vida real. La angustia de Esaú se convierte en ira y jura

matar a su hermano, preparando el escenario para una disputa familiar de proporciones épicas.

- **Reconciliación y Perdón:** A pesar del desastre que han causado, Jacob y Esaú finalmente se encuentran cara a cara y sucede algo milagroso: el perdón y la reconciliación. Es como cuando finalmente haces las paces con tu hermano después de años de peleas, excepto que en este caso es una intervención divina. Jacob se humilla ante Esaú, y Esaú lo recibe con los brazos abiertos, mostrándonos que incluso las heridas más profundas pueden sanarse mediante el perdón y la gracia.

Lecciones clave:

- **Elija la gracia sobre los rencores:** Cuando un miembro de la familia nos hace daño, puede resultar tentador aferrarnos a la amargura y el resentimiento. Pero la historia de Jacob y Esaú nos recuerda que la gracia y el perdón tienen el poder de sanar incluso las heridas más profundas. En lugar de guardar rencores, elijamos la gracia y extendamos el perdón, tal como hemos sido perdonados por Dios.
- **La comunicación es clave:** Gran parte del drama de la historia de Jacob y Esaú podría haberse evitado si se hubieran comunicado abierta y honestamente entre sí. En lugar de recurrir al engaño y la manipulación, comprometámonos a una comunicación honesta y transparente en nuestras propias relaciones familiares, incluso cuando sea difícil o incómoda.

- **La humildad conduce a la curación:** La humildad de Jacob ante Esaú es lo que finalmente conduce a la reconciliación entre los hermanos. Cuando nos humillamos ante aquellos a quienes hemos agraviado o por quienes hemos sido agraviados, se abre la puerta a la sanación y la restauración en nuestras relaciones. Traguemos nuestro orgullo, admitamos nuestros errores y busquemos la reconciliación con humildad y gracia.

Preguntas de reflexión:

- ¿Puedes identificarte con algún aspecto de la historia de Jacob y Esaú en tu propia dinámica familiar? ¿Cómo han afectado los conflictos o traiciones del pasado sus relaciones con los miembros de su familia?
- ¿De qué manera puedes extender gracia y perdón a los miembros de tu familia que te han hecho daño o a quienes tú has hecho daño?
- ¿Cómo puede una comunicación honesta y transparente ayudar a resolver conflictos y fortalecer las relaciones familiares en su propia vida?

Punto de oración:

Dios, gracias por el ejemplo de Jacob y Esaú, mostrándonos el poder del perdón y la reconciliación en las relaciones familiares. Ayúdanos a extender gracia y perdón a los miembros de nuestra familia, a comunicarnos abierta y honestamente y a humillarnos unos ante otros en un espíritu de amor y reconciliación. Amén. 🙏 ♥

Lección 14: Restaurar relaciones rotas - El hijo pródigo

Muy bien, familia, hablemos del hijo pródigo, porque todos hemos estado allí, deambulando y cometiendo errores, sólo para darnos cuenta de que el hogar es donde está el corazón. Es como cuando finalmente recobras el sentido después de una noche salvaje y te das cuenta de que la comida casera de tu madre está donde está. La historia del hijo pródigo nos enseña acerca de la restauración, la redención y el amor abrumador de nuestro Padre Celestial. Profundicemos y descubramos qué podemos aprender de esta historia eterna.

Versículos de la Biblia:

Lucas 15:11-24: "Jesús continuó: 'Había un hombre que tenía dos hijos. El menor dijo a su padre: "Padre, dame mi parte de la herencia". Entonces dividió sus bienes entre ellos. Poco después, el hijo menor reunió todo lo que tenía, se fue a un país lejano y allí desperdició su riqueza viviendo de manera desenfrenada. Después de haberlo gastado todo, hubo una gran hambruna en aquel lugar. Todo el país, y empezó a pasar necesidad, así que fue y se alquiló a un ciudadano de aquel país, quien lo envió a sus campos a alimentar a los cerdos, deseando llenar su estómago con las vainas que comían los cerdos. pero nadie le dio nada. Cuando recobró el sentido, dijo: "¡Cuántos jornaleros de mi padre tienen de sobra para comer, y aquí estoy muriendo de hambre! Me pondré en camino y volveré a mi padre y le diré a él: Padre, he pecado contra el cielo y contra ti. Ya no soy digno de ser llamado tu hijo; hazme como a uno de tus jornaleros. Entonces se levantó y fue donde su padre. "Pero cuando aún estaba lejos, su padre lo vio y tuvo compasión de él; corrió hacia su hijo, lo abrazó y lo besó. El hijo Le dijo: "Padre, he pecado contra el cielo y contra ti. Ya no soy digno de ser llamado tu hijo". Pero el padre dijo a sus siervos: "¡Rápido! Traed el mejor vestido y vestidle. Poned un anillo en su dedo y sandalias en sus pies. Traed el becerro gordo y matadlo. Hagamos un banquete y celebremos. Por esto Mi hijo estaba muerto y ha vuelto a la vida; estaba perdido y ha sido encontrado". Así que empezaron a celebrar.'"

2. Lucas 15:32: "Pero teníamos que hacer fiesta y alegrarnos, porque este hermano tuyo estaba muerto y ha vuelto a la vida; estaba perdido y ha sido encontrado.'"

Exposición:

Muy bien, seamos realistas: la historia del hijo pródigo nos impacta directamente, porque todos hemos estado allí, cometiendo errores y desviándonos, solo para darnos cuenta de que el hogar es donde está el corazón. Es como cuando finalmente recobras el sentido después de una noche salvaje y te das cuenta de que la comida casera de tu madre está donde está. El hijo pródigo nos enseña acerca de la restauración, la redención y el amor abrumador de nuestro Padre Celestial.

- **Rebelión y arrepentimiento:** El hijo pródigo comienza con grandes vibraciones de rebelión, exige su parte de la herencia y la desperdicia en una vida salvaje. Es como cuando crees que el césped es más verde del otro lado, sólo para darte cuenta de que en realidad es AstroTurf. Pero después de tocar fondo y alimentar a los cerdos, recupera el sentido y se da cuenta de que su hogar es el lugar al que realmente pertenece.

- **El amor incondicional de un padre:** El verdadero MVP de esta historia es el padre, que no duda en recibir a su descarriado hijo con los brazos abiertos. Es como cuando cometes un gran error, pero tus padres aún te aman incondicionalmente y te organizan una fiesta de bienvenida a casa. En lugar de regañar a su hijo o hacer que se gane el camino de regreso a la familia, el padre lo prodiga con amor, perdón y un banquete digno de un rey.

- **Restauración y Celebración:** El regreso del hijo pródigo no es sólo un regreso a casa: es una celebración de restauración y redención. Es como cuando finalmente arreglas las cosas con un amigo o familiar y ambos celebran con abrazos, lágrimas y tal vez con un trozo de pastel. El gozo del padre por el regreso de su hijo nos recuerda que no importa cuán lejos hayamos vagado, nunca estamos demasiado perdidos para ser encontrados por el amor de Dios.

Lecciones clave:

- **El amor incondicional de Dios:** La historia del hijo pródigo es un poderoso recordatorio del amor incondicional y la gracia de Dios hacia nosotros, sin importar cuán lejos hayamos desviado o cuántos errores hayamos cometido. En lugar de reprocharnos nuestro pasado, Dios nos recibe con los brazos abiertos y celebra nuestro regreso con alegría y amor.

- **Perdón y Redención:** Al igual que el padre de la historia, Dios nos ofrece perdón y redención, sin importar cuán bajo hayamos caído. Cuando recuperamos el sentido y nos arrepentimos de nuestros pecados, Dios no duda en restaurarnos a la plenitud de vida y gozo en Su presencia.
- **Celebrando la Restauración:** Cuando experimentamos el perdón y la restauración de Dios en nuestras propias vidas, es motivo de celebración. En lugar de insistir en nuestros errores pasados o sentirnos indignos del amor de Dios, abracemos Su gracia y celebremos la nueva vida y libertad que tenemos en Cristo.

Preguntas de reflexión:

- ¿Puedes identificarte con la historia del hijo pródigo en tu propia vida? ¿Cómo has experimentado el amor y el perdón incondicional de Dios, incluso cuando has cometido errores o te has desviado?
- ¿De qué manera puedes extender el amor y el perdón de Dios a otras personas que te han hecho daño o a quienes tú has hecho daño?
- ¿Cómo puedes celebrar la restauración y la redención que Dios nos ofrece a través de Jesucristo en tu propia vida y en tus relaciones con los demás?

Punto de oración:

Dios, gracias por la historia del hijo pródigo, recordándonos tu amor incondicional y tu perdón hacia nosotros. Ayúdanos a abrazar Tu gracia, a alejarnos de nuestros pecados y a celebrar la restauración y la redención que Tú nos ofreces a través de Jesucristo. Amén. 🙏❤️

Lección 15: Salud mental y fe - El viaje de Elías

Muy bien, familia, hablemos de salud mental y fe, porque a veces la vida nos presenta obstáculos importantes y está bien no estar bien. Es como cuando navegas por Instagram y la vida de los demás parece perfecta, pero en el fondo estás luchando. El viaje de Elías nos enseña que incluso los guerreros de fe más fuertes pueden enfrentar momentos de duda, miedo y desesperación, pero Dios siempre está con nosotros, incluso en los tiempos más oscuros. Profundicemos y descubramos qué podemos aprender del viaje de Elijah.

Versículos de la Biblia:

1 Reyes 19:4: "Elías tuvo miedo y huyó para salvar su vida. Cuando llegó a Beerseba en Judá, dejó allí a su siervo".

1 Reyes 19:9-13: "Allí entró en una cueva y pasó la noche. Y vino a él palabra del Señor: '¿Qué haces aquí, Elías?' Él respondió: "He sido muy celoso del Señor Dios Todopoderoso. Los israelitas han rechazado tu alianza, derribado tus altares y han matado a espada a tus profetas. Yo soy el único que queda, y ahora están tratando de Mátame a mí también.' El Señor dijo: 'Sal y ponte en el monte en presencia del Señor, porque el Señor está a punto de pasar'. Entonces un viento grande y poderoso desgarró las montañas y destrozó las rocas delante del Señor, pero el Señor no estaba en el viento. Después del viento hubo un terremoto, pero el Señor no estaba en el terremoto. Después del terremoto vino un fuego. , pero el Señor no estaba en el fuego. Y después del

fuego vino un suave susurro. Cuando Elías lo oyó, se cubrió el rostro con su manto y salió, y se paró a la entrada de la cueva. Entonces una voz le dijo: '¿Qué haces aquí, Elías?'"

1 Reyes 19:18: "Sin embargo, reservo siete mil en Israel, todos cuyas rodillas no se doblaron ante Baal y cuyas bocas no lo besaron".

Exposición:

Muy bien, seamos realistas: Elías era el profeta OG, que invocaba fuego del cielo y mataba a los falsos profetas a diestra y siniestra. Pero incluso él tuvo sus momentos de duda y desesperación. Cuando la reina Jezabel amenazó su vida, Elías entró en pánico y corrió hacia las colinas, convencido de que él era el único fiel que quedaba. Es como cuando te enfrentas a una montaña de estrés y ansiedad y lo único que quieres hacer es escapar.

- **Enfrentando el miedo y la duda:** El viaje de Elijah nos recuerda que está bien sentir miedo y dudar a veces; incluso los guerreros de fe más fuertes pueden tener problemas con su salud mental. Es como cuando estás en el autobús de la lucha y te preguntas si Dios está escuchando tus oraciones.
- **El suave susurro de Dios:** Pero aquí está el giro de la trama: incluso en medio de la desesperación de Elías, Dios se encuentra con él justo donde está, no en forma de truenos o relámpagos, sino en un suave susurro. Es como cuando te estás ahogando en un mar de ruido y caos y, de repente, escuchas una voz suave y apacible que le habla paz a tu alma.

- **Encontrar esperanza en la comunidad:** Y mira esto: Dios le asegura a Elías que no está solo, que hay miles de fieles que no se han inclinado ante dioses falsos. Es como cuando sientes que eres el único que está luchando, pero luego miras a tu alrededor y te das cuenta de que eres parte de una tribu de guerreros que luchan a tu lado.

Lecciones clave:

- **Normaliza tus sentimientos:** El viaje de Elijah nos enseña que está bien no estar bien a veces; incluso los guerreros de fe más fuertes pueden tener problemas con su salud mental. En lugar de fingir que todo está bien, sea sincero con Dios y con los demás acerca de cómo se siente.
- **Escuche la voz de Dios:** Cuando te sientas abrumado por el miedo y la duda, tómate un momento para escuchar la voz de Dios que habla paz a tu alma. Puede que no hable con truenos o relámpagos, sino con una voz suave y apacible que susurra esperanza y tranquilidad en medio de la tormenta.
- **Apóyate en tu comunidad:** No estás solo en esto, familia: eres parte de una tribu de guerreros que luchan junto a ti. Comuníquese con amigos, familiares o mentores de confianza que puedan apoyarlo, alentarlo y orar por usted en su viaje hacia la salud mental y la plenitud.

Preguntas de reflexión:

- ¿Puedes identificarte con el viaje de Elías en tu propia vida? ¿Cómo ha experimentado momentos de miedo, duda o desesperación y cómo respondió?
- ¿De qué manera escuchas la voz de Dios que habla paz y tranquilidad a tu alma en medio de tiempos difíciles?
- ¿Quiénes son algunos amigos, familiares o mentores de confianza en los que puede apoyarse y animarse en su viaje hacia la salud mental y la plenitud?

Punto de oración:

Dios, gracias por encontrarnos en medio de nuestro miedo, duda y desesperación, y por hablar paz y tranquilidad a nuestras almas. Ayúdanos a escuchar Tu suave susurro, a apoyarnos en nuestra comunidad para recibir apoyo y aliento, y a encontrar esperanza y sanación en Tu presencia. Amén.

Lección 16: Liderazgo en la era digital - Moisés y el Éxodo

Muy bien, familia, hablemos de liderazgo en la era digital, porque seamos realistas, ser un líder no es fácil, especialmente cuando estás guiando a un grupo de israelitas testarudos a través del desierto. El viaje de Moisés con los israelitas nos enseña algunas claves importantes sobre el liderazgo, la resiliencia y la confianza en el plan de Dios, incluso cuando las cosas se ponen difíciles. Profundicemos y descubramos qué podemos aprender de Moisés y el Éxodo.

Versículos de la Biblia:

Éxodo 14:13-14: "Moisés respondió al pueblo: 'No temáis. Manteneos firmes y veréis la liberación que el Señor os traerá hoy. Los egipcios que veis hoy, no los volveréis a ver nunca más. El Señor luchará por ti; sólo necesitas estar quieto.'"

Éxodo 18:13-23: "Al día siguiente, Moisés tomó asiento para servir de juez al pueblo, y ellos estuvieron alrededor de él desde la mañana hasta la tarde. Cuando su suegro vio todo lo que Moisés estaba haciendo por Y él dijo: "¿Qué es esto que haces por el pueblo? ¿Por qué te sientas tú solo como juez, mientras todo este pueblo está a tu alrededor desde la mañana hasta la tarde?" Moisés le respondió: "Porque el pueblo viene a mí para buscar la voluntad de Dios. Cada vez que tienen una disputa, me la traen a mí, y yo decido entre las partes y les informo de los decretos e instrucciones de Dios". El suegro de Moisés respondió: "Lo que estás haciendo no es bueno. Tú y esta gente que viene a ti sólo te cansarás. El trabajo es demasiado pesado para ti; no puedes hacerlo solo. Escúchame ahora". y te daré algunos consejos, y que Dios esté contigo. Tú debes ser el representante del pueblo ante Dios y llevarle sus disputas. Enséñales sus decretos e instrucciones, y muéstrales cómo deben vivir y cómo comportarse. "Pero escoged de entre todo el pueblo hombres capaces, hombres que temen a Dios, hombres dignos de confianza, que aborrecen las ganancias deshonestas, y nombradlos jefes de mil, de cien, de cincuenta y de diez, y que sirvan como jueces del pueblo en todo tiempo, pero que tengan ellos te traen todos los casos difíciles; los casos simples ellos pueden decidirlos ellos mismos. Eso hará que tu carga sea más ligera, porque la compartirán contigo. Si haces esto y Dios así lo ordena, podrás soportar la tensión, y toda esta gente volverá a casa satisfecha.' Moisés escuchó a su suegro e hizo todo lo que él dijo".

Exposición:

Muy bien, seamos realistas: ser un líder no es una broma, especialmente cuando estás guiando a un grupo de israelitas testarudos a través del desierto. Pero Moisés nos muestra que el liderazgo no se trata de hacerlo todo uno mismo, sino de empoderar a los demás, confiar en el plan de Dios y mantenerse firme frente a la adversidad.

- **Confiando en el plan de Dios:** Cuando los israelitas se vieron atrapados entre el Mar Rojo y el ejército egipcio, Moisés no entró en pánico: confió en el plan de Dios y le recordó al pueblo que se mantuviera firme y viera la liberación que el Señor traería. Es como cuando te enfrentas a una situación aparentemente imposible y todo lo que puedes hacer es confiar en que Dios la tiene bajo control.

- **Empoderar a otros:** Pero aquí está el giro de la trama: Moisés no fue un espectáculo de un solo hombre. Hizo que Jethro, su suegro, lanzara importantes bombas de sabiduría y le ayudara a delegar responsabilidades en líderes capaces. Es como cuando te das cuenta de que no tienes que hacerlo todo tú mismo: puedes empoderar a otros y compartir la carga.

- **Resiliencia en la adversidad:** Y mire esto: incluso cuando los israelitas refunfuñaron y se quejaron, Moisés no se rindió ni tiró la toalla. Siguió guiándolos a través del desierto, confiando en que Dios los proveería y guiaría en cada paso del camino. Es como cuando, como líder, te enfrentas a críticas y oposición, pero sigues avanzando con fe y resiliencia.

Lecciones clave:

- **Confía en el plan de Dios:** Como líderes, podemos enfrentar desafíos y obstáculos en el camino, pero podemos confiar en que Dios tiene un plan y un propósito para nuestras vidas y nuestro liderazgo. En lugar de confiar en nuestra propia fuerza y comprensión, apoyémonos en Dios y confiemos en Él para que nos guíe en cada época y situación.

- **Empoderar a otros:** El liderazgo no se trata de hacerlo todo uno mismo, sino de empoderar a los demás y compartir la carga. En lugar de intentar ser un espectáculo unipersonal, identifiquemos líderes capaces a nuestro alrededor y deleguemos responsabilidades, confiando en que desempeñarán sus funciones con excelencia e integridad.

- **Manténgase resiliente:** Liderar no siempre es fácil y podemos enfrentar críticas, oposición y reveses en el camino. Pero, como Moisés, seamos resilientes ante la adversidad, confiando en que Dios nos dará la fuerza y la sabiduría que necesitamos para liderar con valentía, gracia y humildad.

Preguntas de reflexión:

- ¿Puedes identificarte con el viaje de Moisés como líder en tu propia vida? ¿Cómo ha experimentado desafíos y obstáculos en su viaje de liderazgo y cómo respondió?
- ¿De qué manera puedes confiar en el plan y el propósito de Dios para tu vida y tu liderazgo, incluso frente a la incertidumbre y las dificultades?
- ¿Quiénes son algunos líderes capaces a tu alrededor a los que puedas empoderar y delegar responsabilidades, compartiendo la carga y maximizando el impacto de tu liderazgo?

Punto de oración:

Dios, gracias por el ejemplo de Moisés, que nos muestra lo que significa confiar en Tu plan, empoderar a otros y liderar con resiliencia frente a la adversidad. Ayúdanos a confiar en

Tu plan para nuestras vidas y nuestro liderazgo, para empoderar a otros y compartir la carga, y para liderar con valentía, gracia y humildad. Amén. 🙌🔥

Lección 17: Encontrar la identidad en Cristo - La transformación de Pablo

Muy bien, familia, hablemos de encontrar identidad en Cristo, porque seamos realistas, en un mundo obsesionado con las etiquetas y las apariencias, es fácil quedar atrapado en el intento de encajar y estar a la altura. Pero la transformación de Pablo nos enseña que nuestra verdadera identidad no se encuentra en lo que otros dicen de nosotros ni siquiera en lo que hacemos: se encuentra únicamente en Cristo. Profundicemos y descubramos qué podemos aprender del viaje de transformación de Pablo.

Versículos de la Biblia:

Hechos 9:1-6: "Mientras tanto, Saulo todavía respiraba amenazas de muerte contra los discípulos del Señor. Fue al sumo sacerdote y le pidió cartas para las sinagogas de Damasco, para que si encontraba allí a alguno que Si pertenecían al Camino, fueran hombres o mujeres, podía llevarlos prisioneros a Jerusalén. Cuando se acercaba a Damasco en su viaje, de repente una luz del cielo brilló a su alrededor. Cayó al suelo y oyó una voz que le decía: " Saulo, Saulo, ¿por qué me persigues? '¿Quién eres, Señor?' "Preguntó Saulo. "Yo soy Jesús, a quien vosotros perseguís", respondió. "Levántate ahora y ve a la ciudad, y se te dirá lo que debes hacer".

Gálatas 2:20: "Estoy crucificado con Cristo y ya no vivo yo, sino que Cristo vive en mí. La vida que ahora vivo en el cuerpo, la vivo en la fe en el Hijo de Dios, que me amó y se entregó por mí."

Filipenses 3:7-9: "Pero todo lo que para mí era ganancia, ahora lo considero pérdida por causa de Cristo. Es más, todo lo considero pérdida por el valor incomparable de conocer a Cristo Jesús, mi Señor, por cuyo amor Por eso lo he perdido todo, y lo tengo por basura, para ganar a Cristo y ser hallado en él, no teniendo mi propia justicia que es por la ley, sino la que es por la fe en Cristo, es decir, la justicia que es por la ley. Dios sobre la base de la fe."

Exposición:

Muy bien, seamos realistas: la transformación de Paul es como un giro de la trama que nunca viste venir. Desde la persecución de los cristianos hasta la predicación del evangelio, el viaje de Pablo nos muestra que nadie está fuera del alcance de la gracia y la transformación de Dios. Es como cuando te das cuenta de que tu pasado no te define: tu identidad se encuentra sólo en Cristo.

- **Encontrando a Cristo**: La transformación de Pablo comienza con un encuentro divino en el camino a Damasco, donde Jesús mismo se le aparece en una luz cegadora y lo llama por su nombre. Es como cuando menos te lo esperas y Dios aparece y pone tu mundo patas arriba de la mejor manera posible.
- **Crucificado con Cristo**: Pero aquí está el giro de la trama: el encuentro de Pablo con Cristo no es sólo un evento único. Es una experiencia transformadora de

74

vida que lo lleva a morir a su viejo yo y vivir una nueva vida en Cristo. Es como cuando te das cuenta de que ya no eres quien solías ser: has sido crucificado con Cristo y ahora Él vive en ti.

- **Encontrar identidad en Cristo:** Y mire esto: la transformación de Pablo lo lleva a un cambio radical de perspectiva, donde considera todo lo demás como pérdida en comparación con el valor incomparable de conocer a Cristo. Es como cuando te das cuenta de que nada en este mundo se puede comparar con el gozo y la plenitud de ser encontrado en Cristo, revestido de Su justicia y abrazado por Su amor.

Lecciones clave:

- **Encuentro Divino:** Al igual que Pablo, nuestra transformación a menudo comienza con un encuentro divino con Cristo. Puede que no sea tan dramático como una luz cegadora en el camino a Damasco, pero es igual de transformador. Ya sea a través de la oración, las Escrituras o el amor de los hermanos creyentes, Dios tiene una manera de revelarse a nosotros de maneras inesperadas y llamarnos por nuestro nombre.

- **Identidad en Cristo:** Nuestra verdadera identidad no se encuentra en nuestros logros, nuestras posesiones o incluso en nuestros errores pasados: se encuentra únicamente en Cristo. Cuando encontramos a Cristo y le entregamos nuestras vidas, ya no nos define quiénes éramos, sino quién es Él. Estamos crucificados con Cristo, y ahora Él vive en nosotros, formándonos a Su imagen y semejanza.

- **Transformación radical:** La transformación de Pablo no fue sólo un cambio de comportamiento: fue un cambio completo de perspectiva e identidad. Pasó de perseguir a los cristianos a predicar el evangelio, de buscar su propia justicia a encontrar su justicia en Cristo. Cuando encontramos a Cristo, Él no sólo modifica nuestras vidas: las transforma desde adentro hacia afuera, haciéndonos nuevas creaciones en Él.

Preguntas de reflexión:

- ¿Has tenido un encuentro personal con Cristo que haya transformado tu vida? Si es así, ¿cómo fue esa experiencia y cómo te cambió?
- ¿De qué manera has luchado por encontrar tu identidad solo en Cristo, en lugar de en las cosas de este mundo?
- ¿Cómo puedes abrazar más plenamente tu identidad en Cristo y vivir esa identidad en tu vida diaria?

Punto de oración:

Dios, gracias por el ejemplo de Pablo, mostrándonos lo que significa encontrar nuestra identidad solo en Cristo. Ayúdanos a encontrarnos contigo de una manera personal y transformadora, a morir a nuestro viejo yo y a vivir como nuevas creaciones en Cristo. Que podamos encontrar nuestro gozo, nuestro propósito y nuestra realización al conocerte y ser encontrados en Ti. Amén. 🙏✨

Lección 18: Influir en la cultura para Cristo - La postura de Daniel

Familia, profundicemos en cómo podemos influir en la cultura para Cristo, utilizando nada menos que a Daniel como nuestra guía. En un mundo donde es fácil integrarse o dejarse llevar, Daniel nos muestra cómo mantenernos firmes en nuestra fe y generar un impacto en el mundo que nos rodea. Analicemos la postura de Daniel y veamos qué podemos aprender.

Versículos de la Biblia:

Daniel 1:8: "Pero Daniel resolvió no contaminarse con la comida y el vino reales, y pidió permiso al principal oficial para no contaminarse de esta manera".

Daniel 6:10: "Cuando Daniel supo que el decreto había sido publicado, subió a su habitación del piso de arriba, donde las ventanas daban a Jerusalén. Tres veces al día se arrodillaba y oraba, dando gracias a su Dios, tal como lo había hecho antes."

Exposición:

Bien, seamos realistas: Daniel vivía en Babilonia, rodeado por una cultura que era totalmente diferente a la suya. Pero en lugar de mezclarse y dejarse llevar, Daniel defendió audazmente su fe. Desde negarse a comer la comida del rey hasta orar abiertamente a su Dios, Daniel nos mostró lo que significa influir en la cultura para Cristo.

- **De pie firme:** Cuando Daniel y sus amigos se enfrentaron a la tentación de transigir en sus creencias, defendieron audazmente su fe. Es como cuando te sientes tentado a seguir a la multitud, pero eliges mantenerte firme en tus convicciones, sin importar el costo.
- **Persistencia en oración:** Incluso cuando era ilegal orar a alguien que no fuera el rey, Daniel no retrocedió. Continuó orando abiertamente a su Dios, confiando en que Él lo protegería y lo libraría. Es como cuando enfrentas oposición por tu fe, pero sigues orando y confiando en que Dios saldrá adelante.
- **Influencia a través de la integridad:** La postura de Daniel no sólo afectó su propia vida: influyó en la cultura que lo rodeaba. Su integridad y devoción a Dios llamaron la atención de reyes y líderes, llevándolos a reconocer la grandeza del Dios de Daniel. Es como cuando tus acciones hablan más que las palabras y la gente no puede evitar fijarse en el Dios al que sirves.

Lecciones clave:

- **Sea valiente en su fe:** No tengas miedo de destacar y ser diferente por el bien de tu fe. Como Daniel, resuelva no comprometer sus creencias, incluso cuando sea difícil o impopular.

- **Manténgase en oración:** Ante la oposición o la tentación, mantente conectado con Dios a través de la oración. Busque Su guía, fortaleza y protección, confiando en Él para superar cada desafío.
- **Deja que tu luz brille:** Su integridad y devoción a Dios pueden tener una influencia poderosa en la cultura que lo rodea. Al vivir tu fe con valentía e integridad, puedes señalar a otros la grandeza de nuestro Dios.

Preguntas de reflexión:

- ¿Hay áreas en tu vida en las que te has sentido tentado a comprometer tu fe o a mezclarte con la cultura que te rodea? ¿Cómo puedes defender tu fe en esas áreas?
- ¿Cómo te ha ayudado la oración a mantenerte fuerte y resiliente frente a la oposición o la tentación?
- ¿De qué manera puedes dejar que tu luz brille e influya en la cultura que te rodea para Cristo a través de tus acciones y actitudes?

Punto de oración:

Dios, gracias por el ejemplo de Daniel, mostrándonos lo que significa permanecer firmes en nuestra fe e influir en la cultura que nos rodea para Cristo. Ayúdanos a ser audaces en nuestra fe, orantes en nuestra perseverancia e impactantes en nuestra influencia, señalando a otros la grandeza de Tu nombre. Amén. 🙏✴️

Lección 19: Presión de grupo e integridad: Sadrac, Mesac y Abednego

Muy bien, familia, hablemos sobre la presión de grupo y la integridad, usando a Sadrac, Mesac y Abednego como nuestro caso de estudio. Estos tres tipos vivían en Babilonia, rodeados por una cultura que adoraba a dioses e ídolos falsos. Pero en lugar de ceder a la presión de conformarse, se mantuvieron firmes en su fe y se negaron a inclinarse. Analicemos su historia y veamos qué podemos aprender.

Versículos de la Biblia:

Daniel 3:16-18: "Sadrac, Mesac y Abednego le respondieron: 'Rey Nabucodonosor, no necesitamos defendernos ante ti en este asunto. Si somos arrojados al horno ardiente, el Dios a quien servimos puede librarnos de ella, y nos librará de la mano de Vuestra Majestad, pero aunque no lo haga, queremos que sepáis, Majestad, que no serviremos a vuestros dioses ni adoraremos la imagen de oro que habéis puesto. arriba.'"

Exposición:

Bien, seamos realistas: Sadrac, Mesac y Abednego enfrentaban una gran presión de sus pares para inclinarse ante la estatua dorada del rey Nabucodonosor. Pero en lugar de ceder a la presión, defendieron audazmente su fe. Es como cuando te presionan para estar de acuerdo con la multitud, pero eliges mantenerte firme en tus convicciones, pase lo que pase.

- **Convicción valiente:** Cuando se enfrentaron a la opción de inclinarse o enfrentar la muerte, Sadrac, Mesac y Abednego no dudaron. Sabían que su Dios podía librarlos, pero incluso si no lo hacía, estaban decididos a permanecer fieles. Es como cuando te enfrentas a una decisión difícil y eliges hacer lo correcto, incluso si no es la elección fácil.
- **Confiando en la soberanía de Dios:** Estos tipos tenían una fe seria: confiaban en la soberanía de Dios, incluso ante la muerte. Sabían que Dios podía librarlos, pero también estaban dispuestos a aceptar Su voluntad, cualquiera que fuera. Es como cuando confías en el plan de Dios, incluso cuando no tiene sentido, sabiendo que Él siempre tiene el control.
- **De pie juntos:** Sadrac, Mesac y Abednego no estuvieron solos: estuvieron juntos, unidos en su fe y determinación. Es como cuando tienes amigos que te apoyan y te alientan a mantenerte fuerte y firme en tus convicciones.

Lecciones clave:

- **Manténgase fiel a sus convicciones:** No permita que la presión de sus compañeros o el miedo dicten sus acciones: manténgase fiel a sus convicciones y haga lo correcto, incluso cuando sea difícil o impopular.
- **Confía en la soberanía de Dios:** Dios siempre tiene el control, incluso ante situaciones aparentemente

imposibles. Confía en Él para librarte y obrar todas las cosas para tu bien, según Su plan perfecto.

- **Permanecer unidos:** Rodéate de amigos que compartan tu fe y convicciones, y anímate unos a otros a mantenerse fuertes y firmes frente a la adversidad.

Preguntas de reflexión:

- ¿Alguna vez ha enfrentado presión de grupo para comprometer sus creencias o valores? ¿Cómo respondiste y qué aprendiste de la experiencia?
- ¿Cómo se puede cultivar la clase de convicción valiente que Sadrac, Mesac y Abednego demostraron al defender su fe?
- ¿Quiénes son algunos amigos o mentores en tu vida que te animan a mantenerte fiel a tus convicciones y firme en tu fe?

Punto de oración:

Dios, gracias por el ejemplo de Sadrac, Mesac y Abednego, que nos muestra lo que significa tener coraje e integridad frente a la presión de los compañeros. Ayúdanos a mantenernos firmes en nuestras convicciones, a confiar en Tu soberanía y a rodearnos de amigos que nos animen a mantenernos fuertes en nuestra fe. Amén. 🙏

Lección 20: Superar la comparación - Lecciones de Saúl y David

Familia, hablemos de superar la comparación, usando las historias de Saúl y David como nuestra inspiración. Estos dos tipos tenían algunas diferencias importantes: Saúl era alto, guapo y un líder natural, mientras que David era un pastorcillo con un corazón conforme al corazón de Dios. Pero en lugar de permitir que la comparación abriera una brecha entre ellos, ambos aprendieron valiosas lecciones sobre la identidad, el propósito y la confianza en el plan de Dios. Analicemos sus historias y veamos qué podemos aprender.

Versículos de la Biblia:

1 Samuel 18:7-9: "Mientras danzaban, cantaban: 'Saúl ha matado a sus miles, y David a sus decenas de miles'. Saúl se enojó mucho; esta frase le disgustó mucho. "A David le han atribuido decenas de miles", pensó, "y a mí sólo miles. ¿Qué más puede obtener sino el reino?" Y desde entonces Saúl estuvo vigilando a David."

1 Samuel 16:7: "Pero el Señor dijo a Samuel: 'No consideres su apariencia ni su estatura, porque lo he rechazado. El Señor no mira las cosas que la gente mira. La gente mira hacia afuera apariencia, pero el Señor mira el corazón."

Exposición:

Muy bien, seamos realistas: Saúl y David tenían algunas diferencias importantes, y no pasó mucho tiempo para que Saúl comenzara a sentirse inseguro y amenazado por el éxito de David. Es como cuando estás navegando por las redes sociales y lo más destacado de los demás te hace sentir como si te estuvieras quedando corto. Pero en lugar de dejar que las comparaciones los consumieran, Saúl y David aprendieron lecciones valiosas sobre la identidad, el propósito y la confianza en el plan de Dios.

- **La trampa de la comparación:** Saúl cayó en la trampa de la comparación, sintiéndose amenazado por el éxito y la popularidad de David. Es como cuando empiezas a medir tu valor y valor en función de cómo te comparas con los demás, en lugar de abrazar tu identidad y vocación únicas.

- **La perspectiva de Dios: pero** Aquí está el giro de la trama: mientras Saúl estaba ocupado comparándose con David, Dios estaba mirando sus corazones. Vio el corazón de adoración y obediencia de David y lo eligió para ser el próximo rey de Israel. Es como cuando te das cuenta de que lo único que importa es la aprobación de Dios y Él te ve tal como eres realmente, no sólo lo que haces.

- **Abrazando su identidad:** David no dejó que los celos o la inseguridad de Saúl lo definieran: sabía quién era y de quién era. Abrazó su identidad como hijo amado de Dios y confió en el plan de Dios para su vida, incluso cuando parecía incierto. Es como cuando dejas de intentar estar a la altura de las expectativas de otras personas y empiezas a aceptar el propósito único y el llamado que Dios tiene para ti.

Lecciones clave:

- **Libérese de la comparación:** La comparación es la ladrona de la alegría y sólo te hará sentir inseguro e inadecuado. En lugar de compararte con los demás, concéntrate en aceptar tu identidad y llamado únicos, sabiendo que Dios tiene un plan y un propósito especiales para tu vida.
- **Mírate a través de los ojos de Dios:** Deja de preocuparte por lo que otras personas piensen de ti y comienza a verte a ti mismo a través de los ojos de Dios. Él te creó a Su imagen y se deleita en ti tal como eres. En lugar de buscar la validación de los demás, encuentre su valor y valor en el amor y la aceptación incondicionales de Dios.
- **Confía en el plan de Dios:** Cuando te sientas tentado a compararte con los demás, recuerda que Dios tiene un plan y un propósito únicos para tu vida. Confía en Él para guiarte, guiarte y cumplir Sus propósitos en ti y a través de ti, sabiendo que Sus planes son siempre buenos y perfectos.

Preguntas de reflexión:

- ¿Alguna vez ha luchado con la comparación, sintiéndose inseguro o inadecuado en comparación con los demás? ¿Cómo te afectó y qué aprendiste de la experiencia?

- ¿Cómo puedes liberarte de la trampa de la comparación y abrazar tu identidad única y tu llamado en Cristo?
- ¿De qué manera puedes confiar en el plan de Dios para tu vida, incluso cuando parece incierto o diferente de lo que otros están experimentando?

Punto de oración:

Dios, gracias por las lecciones que podemos aprender de las historias de Saúl y David, mostrándonos los peligros de la comparación y la importancia de abrazar nuestra identidad única y llamarnos a Ti. Ayúdanos a vernos a nosotros mismos a través de Tus ojos, a confiar en Tu plan para nuestras vidas y a encontrar nuestro valor en Tu amor y aceptación incondicionales. Amén. ♠ ♥

Lección 21: Imagen corporal y autoestima: hechas de manera temerosa y maravillosa

Hola, familia, profundicemos en el tema de la imagen corporal y la autoestima, utilizando como base la verdad de que estamos hechos de manera maravillosa y temerosa. En un mundo obsesionado con estándares poco realistas de belleza y perfección, es fácil luchar con sentimientos de inseguridad e insuficiencia. Pero la verdad es que fuimos creados a imagen de Dios y Él nos unió en el vientre de nuestra madre con propósito e intencionalidad. Analicemos lo que significa abrazar nuestros cuerpos y valorarnos como amadas creaciones de Dios.

Versículos de la Biblia:

Salmo 139:14: "Te alabo porque estoy hecho de manera maravillosa y maravillosa; tus obras son maravillosas, lo sé muy bien".
Génesis 1:27: "Y creó Dios al hombre a su imagen, a imagen de Dios los creó; varón y hembra los creó".

Exposición:

Muy bien, seamos realistas: nuestra cultura nos bombardea con imágenes y mensajes que nos dicen que no somos lo suficientemente buenos a menos que encajemos en un molde determinado. Pero la verdad es que nuestro valor y valor no están determinados por nuestra apariencia o lo que otras personas piensan de nosotros: están arraigados en el hecho de que fuimos creados de manera maravillosa y maravillosa por un Creador amoroso.

- **Abrazar la diversidad:** Dios creó a cada uno de nosotros con características, habilidades y personalidades únicas. En lugar de tratar de ajustarnos a los estándares de belleza de la sociedad, deberíamos celebrar la diversidad y la belleza de la creación de Dios, reconociendo que la verdadera belleza proviene de nuestro interior.
- **Rechazar la comparación:** La comparación es la ladrona de la alegría y sólo hará que nos sintamos inseguros e inadecuados. En lugar de compararnos con los demás, deberíamos centrarnos en aceptar nuestras cualidades únicas y apreciar la belleza de los demás sin sentirnos amenazados por ella.
- **Cultivar el amor propio:** Amarnos a nosotros mismos no se trata de ser arrogantes u orgullosos; se trata de reconocer nuestro valor y valor como hijos amados de Dios. Debemos tratarnos a nosotros mismos con bondad, compasión y respeto, sabiendo que nuestro Padre Celestial nos ama incondicionalmente.

Lecciones clave:

- **Abraza tu belleza única:** En lugar de esforzarse por encajar en un determinado molde, acepte sus características, talentos y rasgos de personalidad únicos como parte del hermoso diseño de Dios para usted.

- **Comparación de rechazos:** No dejes que la comparación te robe la alegría ni te robe la confianza. Concéntrate en ser la mejor versión de ti mismo en lugar de intentar ser como otra persona.
- **Cultivar el amor propio:** Trátate a ti mismo con bondad, compasión y gracia, tal como lo hace Dios. Estás hecho de manera maravillosa y maravillosa, y mereces amarte y apreciarte como la preciosa creación de Dios.

Preguntas de reflexión:

- ¿Cómo han afectado los estándares de belleza de la sociedad tu percepción de ti mismo? ¿De qué manera has luchado con la imagen corporal y la autoestima?
- ¿Cuáles son algunas formas en las que puedes celebrar y abrazar tu propia belleza y cualidades únicas? ¿Cómo puedes cambiar tu enfoque de la comparación a la apreciación?
- ¿Cómo afecta tu autopercepción y confianza saber que Dios te creó de manera maravillosa y maravillosa?

Punto de oración:

Dios, gracias por hacernos a tu imagen de manera maravillosa y maravillosa. Ayúdanos a abrazar nuestra belleza única y valorarnos como Tus amadas creaciones. Que rechacemos las comparaciones, cultivemos el amor propio y nos veamos a través de Tus ojos de amor y aceptación. Amén. 🙏❤️

Lección 22: Responsabilidad financiera - Lecciones de los proverbios

Muy bien, familia, hablemos de responsabilidad financiera, usando la sabiduría que se encuentra en los Proverbios como guía. En un mundo donde el dinero puede convertirse fácilmente en una fuente de estrés, ansiedad y tentación, es importante buscar la guía de Dios y seguir Sus principios para administrar nuestras finanzas sabiamente. Analicemos algunas lecciones clave de los Proverbios y aprendamos cómo ser buenos administradores de los recursos que Dios nos ha confiado.

Versículos de la Biblia:

Proverbios 21:20: "Los sabios almacenan alimentos selectos y aceite de oliva, pero los necios devoran los suyos".
Proverbios 22:7: "El rico domina a los pobres, y el que toma prestado es esclavo del que presta".

Exposición:

Bien, seamos realistas: la administración del dinero no es exactamente el tema más apasionante, pero es muy importante si queremos vivir una vida de libertad y seguridad financiera. Los Proverbios nos ofrecen sabiduría directa cuando se trata de administrar nuestro dinero sabiamente, así que prestemos atención y aprendamos a manejar nuestras finanzas como jefes.

- **Presupuesto como un jefe:** Una planificación financiera inteligente comienza con la creación de un presupuesto y su cumplimiento. Es como cuando estás planeando un viaje por carretera iluminado con tu equipo: debes planificar tus gastos, establecer algunas metas y asegurarte de no gastar más de lo que ingresas.
- **Evite la trampa de la deuda:** La deuda puede ser una pequeña trampa furtiva que te mantiene encadenado y estresado. En lugar de vivir por encima de sus posibilidades y pedir prestado dinero que no puede pagar, es mejor vivir dentro de sus posibilidades y ahorrar para las cosas que desea.
- **Invierta sabiamente:** Los Proverbios hablan mucho sobre la importancia de invertir su dinero sabiamente, ya sea en propiedades, negocios u oportunidades de crecimiento. Es como cuando juegas Monopoly: debes hacer movimientos estratégicos e invertir tus recursos en propiedades que te brinden el mejor retorno de la inversión.

Lecciones clave:

- **Presupuesto como un jefe:** Tome el control de sus finanzas creando un presupuesto y respetándolo. Realice un seguimiento de sus gastos, establezca objetivos financieros y tome decisiones intencionales sobre cómo gastará y ahorrará su dinero.

- **Evite la trampa de la deuda:** No permita que las deudas lo depriman: viva dentro de sus posibilidades, evite gastos innecesarios y resista la tentación de pedir prestado dinero que no puede pagar. En lugar de eso, concéntrate en construir una base financiera sólida y ahorrar para las cosas que deseas.
- **Invierta sabiamente:** Sea estratégico acerca de cómo invierte su dinero, ya sea en acciones, bienes raíces o su propia educación y habilidades. Investigue, busque consejos sabios y tome decisiones informadas que le ayudarán a crecer y generar riqueza con el tiempo.

Preguntas de reflexión:

- ¿Cuáles son algunas áreas de tus finanzas donde podrías mejorar o ser más intencional? ¿Cómo puede crear un presupuesto y establecer objetivos financieros que se alineen con sus valores y prioridades?
- ¿Existen hábitos o comportamientos que lo mantienen atrapado en la trampa de la deuda? ¿Cómo se pueden tomar medidas para liberarse de las deudas y construir una base financiera sólida para el futuro?
- ¿De qué manera puede ser más estratégico acerca de cómo invertir su dinero y recursos? ¿Cómo puede maximizar sus oportunidades de crecimiento y éxito financiero?

Punto de oración:

Dios, gracias por la sabiduría que se encuentra en los Proverbios, que nos guían sobre cómo administrar nuestras finanzas sabiamente. Ayúdanos a ser buenos administradores de los recursos que nos has confiado, a hacer presupuestos como jefes, evitar la trampa de la deuda e invertir sabiamente para el futuro. Que nuestras decisiones financieras te honren y traigan gloria a tu nombre. Amén. 🙏💰

Lección 23: El poder de la oración - La fe de Ana

Muy bien, familia, hablemos sobre el poder de la oración, usando la fe de Hannah como nuestra inspiración. La oración no es sólo un aburrido ritual religioso: es una manera poderosa de conectarnos con Dios, derramar nuestro corazón y experimentar Su presencia y poder en nuestras vidas. Profundicemos en la historia de Hannah y aprendamos cómo sus oraciones llenas de fe pueden inspirarnos a cultivar una vida de oración más profunda.

Versículos de la Biblia:

1 Samuel 1:10-11: "En su profunda angustia, Ana oró al Señor, llorando amargamente, e hizo un voto, diciendo: 'Señor Todopoderoso, si miras la miseria de tu sierva y te acuerdas de mí, y no te olvides de tu sierva, sino dale un hijo, y entonces lo entregaré al Señor por todos los días de su vida, y jamás se usará navaja en su cabeza.'"
1 Samuel 1:27: "Oré por este niño, y el Señor me ha concedido lo que le pedí".

Exposición:

Bien, seamos realistas: Hannah estaba lidiando con una gran angustia y decepción. Quería desesperadamente tener un hijo, pero no podía concebir y eso le rompió el corazón. Pero en lugar de darse por vencida o hundirse en la desesperación,

Ana recurrió a la oración y derramó su corazón ante Dios. Es como cuando te enfrentas a una situación difícil y, en lugar de tratar de manejarla por tu cuenta, acudes a Dios en oración y confías en que Él te ayudará.

- **Autenticidad en la oración:** Las oraciones de Hannah no fueron discursos sofisticados y ensayados: fueron crudos, honestos y directos del corazón. Ella derramó sus deseos, temores y emociones más profundos ante Dios, confiando en que Él la escucharía y respondería a sus gritos.
- **Fe persistente:** Incluso cuando parecía que sus oraciones quedaban sin respuesta, Hannah no perdió la esperanza. Continuó orando y confiando en Dios, creyendo que Él era capaz de hacer muchísimo más de lo que ella podía pedir o imaginar.
- **Confianza entregada:** Al final, las oraciones de Ana fueron contestadas y dio a luz a un hijo llamado Samuel. Pero en lugar de aferrarse a él egoístamente, cumplió su promesa a Dios y dedicó a Samuel a Su servicio. Es como cuando confías en Dios con tus deseos más profundos, sabiendo que Sus planes siempre son buenos y perfectos, incluso si no siempre se alinean con los tuyos.

Lecciones clave:

- **Sea real en la oración:** No intentes ocultar tus verdaderos sentimientos ni poner una fachada religiosa: acércate a Dios con honestidad, autenticidad y vulnerabilidad, sabiendo que Él ve y comprende tu corazón.

- **Persistir en la fe:** No abandones la oración, incluso cuando parezca que tus oraciones no reciben respuesta. Sigue presionando, sigue creyendo y sigue confiando en que Dios obrará todas las cosas para tu bien.
- **Entregarse a la Voluntad de Dios:** Confía en que Dios sabe qué es lo mejor para ti, incluso cuando Sus planes no coincidan con los tuyos. Entrégale tus deseos, tus miedos y tus sueños, sabiendo que Él es fiel para cumplir Sus promesas en Su tiempo perfecto.

Preguntas de reflexión:

- ¿Cómo abordas la oración en tu propia vida? ¿Hay áreas en las que te cuesta ser auténtico o persistente en tus oraciones?
- ¿Alguna vez has experimentado el poder de la oración en tu propia vida, viendo a Dios responder tus oraciones de maneras inesperadas?
- ¿En qué áreas de tu vida necesitas rendirte a la voluntad de Dios y confiar en Sus planes, incluso cuando no se alinean con tus propios deseos?

Punto de oración:

Dios, gracias por el ejemplo de Ana, mostrándonos el poder de la oración y la belleza de la confianza entregada. Ayúdanos a abordar la oración con autenticidad, perseverancia y confianza entregada, sabiendo que Tú escuchas nuestros clamores y eres fiel para responder según Tu perfecta voluntad. Amén. ♠ ✦

Lección 24: El perdón en una cultura de cancelación

Muy bien, familia, profundicemos en el tema del perdón en una cultura de cancelación, usando las enseñanzas y el ejemplo de Jesús como nuestra guía. En un mundo donde es fácil descartar a las personas por sus errores o malas acciones del pasado, el perdón puede parecer un concepto extraño. Pero Jesús nos mostró que el perdón no se trata sólo de liberar a las personas, sino de liberarnos nosotros mismos de la carga de la amargura y el resentimiento. Analicemos qué significa realmente el perdón y cómo podemos practicarlo en nuestras propias vidas.

Versículos de la Biblia:

Mateo 6:14-15: "Porque si perdonáis a otros cuando pecan contra vosotros, vuestro Padre celestial también os perdonará a vosotros. Pero si no perdonáis a otros sus pecados, vuestro Padre no os perdonará los vuestros".
Colosenses 3:13: "Soportados unos a otros y perdonaos unos a otros si alguno de vosotros tiene queja contra alguien. Perdonad como el Señor os perdonó a vosotros".

Exposición:

Muy bien, seamos realistas: perdonar no es fácil, especialmente en una cultura que se apresura a cancelar a cualquiera que se equivoca. Pero Jesús nos mostró que el perdón es esencial para nuestro propio bienestar y crecimiento espiritual. Es como cuando alguien te hace daño y, en lugar de aferrarte a la ira o buscar venganza, eliges perdonarlo y dejar ir el dolor.

- **Libertad de amargura:** Cuando elegimos perdonar, no excusamos el comportamiento de alguien ni pretendemos que no sucedió: nos liberamos de las garras de la amargura y el resentimiento. Es como cuando finalmente dejas ir ese rencor que has estado guardando y sientes que te quitan un peso de encima.
- **Restauración de Relaciones:** El perdón no se trata sólo de dejar atrás el pasado, sino también de reconstruir la confianza y restaurar las relaciones. Es como cuando te reconcilias con un amigo después de una pelea y descubres que vuestro vínculo es más fuerte que nunca.
- **Reflejando la gracia de Dios:** Como seguidores de Jesús, estamos llamados a reflejar la gracia y el perdón de Dios hacia los demás. Es como cuando muestras bondad y compasión hacia alguien que no lo merece, así como Dios ha mostrado bondad y compasión contigo.

Lecciones clave:

- **Elige el perdón:** En lugar de guardar rencores o buscar venganza, elige perdonar a los demás como Dios te ha perdonado a ti. Deja ir la amargura y el resentimiento y abraza la libertad que proviene del perdón.

- **Busque la reconciliación:** El perdón no siempre significa restaurar una relación a lo que era antes, pero sí abre la puerta a la reconciliación y la curación. Tome medidas para reconstruir la confianza y restaurar las relaciones cuando sea posible, con humildad y gracia.
- **Refleja la gracia de Dios:** Mientras practicas el perdón, recuerda que estás reflejando la gracia y la misericordia de Dios hacia los demás. Muestre bondad y compasión, incluso hacia aquellos que tal vez no lo merezcan, tal como Dios ha mostrado bondad y compasión hacia usted.

Preguntas de reflexión:

- ¿Alguna vez has luchado por perdonar a alguien que te hizo daño? ¿Qué hizo que el perdón fuera difícil en esa situación y cómo finalmente encontraste sanación y libertad a través del perdón?
- ¿De qué manera el perdón de Dios ha impactado tu propia vida y tus relaciones? ¿Cómo puedes extender esa misma gracia y perdón a otros que te han hecho daño?
- ¿Hay algún rencor o resentimiento al que te aferras y que te impide experimentar la plenitud del amor y la libertad de Dios? ¿Cómo puedes liberarte de esas cargas y optar por el perdón?

Punto de oración:

Dios, gracias por el don del perdón, tanto el perdón que recibimos de Ti como el perdón que estamos llamados a extender a los demás. Ayúdanos a liberar la amargura y el resentimiento, a buscar la reconciliación y la restauración, y a reflejar Tu gracia y misericordia hacia quienes nos rodean. Amén. ♠ ❤

Lección 25: Citas y relaciones - Rut y Booz

Muy bien, familia, hablemos sobre las citas y las relaciones, usando la hermosa historia de amor de Rut y Booz como inspiración. En un mundo donde las citas pueden ser confusas, frustrantes e incluso francamente desalentadoras, Rut y Booz nos muestran cómo es una relación santa. Analicemos su historia y aprendamos algunas lecciones clave sobre el amor, la fidelidad y la confianza en el plan de Dios para nuestras relaciones.

Versículos de la Biblia:

Rut 1:16-17: "Pero Rut respondió: 'No me instigues a que te deje ni a que me aparte de ti. A donde tú vayas, yo iré, y donde tú estés, me quedaré. Tu pueblo será pueblo mío y tu Dios, mi Dios. Donde tú mueras, yo moriré, y allí seré sepultado. Que el Señor me trate, aunque sea severamente, si hasta la muerte nos separa a ti y a mí.'"

Rut 2:12: "Que el Señor te pague por lo que has hecho. Que seas ricamente recompensado por el Señor, el Dios de Israel, bajo cuyas alas has venido a refugiarte".

Exposición:

Muy bien, seamos realistas: la historia de amor de Rut y Booz tiene objetivos claros. Es como cuando navegas por Instagram y te encuentras con una linda pareja que ha estado junta desde siempre y todavía está perdidamente enamorada. Pero su relación no se trataba sólo de sentimientos románticos: estaba arraigada en la fidelidad, la lealtad y una profunda confianza en la providencia de Dios.

- **Fidelidad en tiempos difíciles:** El compromiso de Rut con su suegra, Noemí, está en el siguiente nivel. En lugar de dejarla atrás y regresar con su propia gente, Ruth elige quedarse con Naomi y apoyarla, incluso cuando los tiempos se ponen difíciles. Es como cuando estás ahí para tu equipo, pase lo que pase, en los buenos y en los malos momentos.

- **La Providencia y Provisión de Dios:** A lo largo de la historia de Rut y Booz, vemos la mano de Dios obrando, proveyendo para ellos y guiando sus pasos. Desde los fieles de Rut que recogieron en el campo de Booz hasta la provisión y protección de Booz para Rut y Noemí, está claro que Dios está orquestando su historia de amor detrás de escena. Es como cuando miras hacia atrás en tu propia vida y ves cómo Dios ha estado obrando, guiándote y proveyéndote en cada paso del camino.

- **Carácter piadoso:** Tanto Rut como Booz ejemplifican rasgos de carácter piadosos que son esenciales para relaciones saludables. La humildad, la lealtad y el altruismo de Rut, combinados con la bondad, la generosidad y la integridad de Booz, crean una base de respeto y admiración mutuos. Es como cuando encuentras a alguien cuyo carácter se alinea con el tuyo y sabes que puedes confiar en que será fiel a quien es.

Lecciones clave:

- **Compromiso y Lealtad:** Como Rut, sé comprometido y leal a tus seres queridos, incluso cuando sea difícil o inconveniente. Manténganse fieles a sus compromisos y apóyense mutuamente en las buenas y en las malas.
- **Confía en la Providencia de Dios:** Confía en que Dios está obrando en tus relaciones, guiando tus pasos y satisfaciendo tus necesidades. Entrega el control y confía en Su tiempo y Su plan, sabiendo que Él es fiel en cumplir Sus promesas.
- **Construir sobre el carácter piadoso:** Prioriza los rasgos de carácter piadosos como la humildad, la bondad y la integridad en tus relaciones. Rodéate de personas que compartan tus valores y te inspiren a acercarte más a Dios.

Preguntas de reflexión:

- ¿Qué aspectos de la relación entre Rut y Booz admiras o aspiras a emular en tu propia vida?
- ¿Cómo puedes cultivar un sentido más profundo de lealtad y compromiso en tus relaciones, tanto románticas como platónicas?
- ¿De qué manera ves la providencia y provisión de Dios obrando en tu propia vida y relaciones?

Punto de oración:

Dios, gracias por la hermosa historia de amor de Rut y Booz, que nos muestra lo que significa estar comprometidos, ser leales y confiar en Tu providencia. Ayúdanos a construir nuestras relaciones sobre una base de carácter piadoso, confianza en Tu plan y dependencia de Tu provisión. Que nuestras relaciones reflejen Tu amor y fidelidad hacia quienes nos rodean. Amén. ♠♣

Lección 26: Servir a los demás en un mundo que se sirve a sí mismo - El buen samaritano

Muy bien, familia, hablemos de servir a los demás en un mundo egoísta, usando la parábola del buen samaritano como nuestra inspiración. En una cultura que se centra en buscar el número uno y salir adelante a cualquier precio, el Buen Samaritano nos recuerda la importancia de la compasión, la bondad y el altruismo. Analicemos esta historia eterna y aprendamos cómo podemos seguir el ejemplo de Jesús de amar a nuestro prójimo como a nosotros mismos.

Versículos de la Biblia:

Lucas 10:33-37: "Pero un samaritano, mientras viajaba, llegó donde estaba el hombre; y cuando lo vio, tuvo compasión de él. Fue a él y le vendó las heridas, echando aceite y vino. Entonces montó al hombre en su asno, lo llevó a una posada y cuidó de él. Al día siguiente sacó dos denarios y se los dio al posadero. "Cuídalo", dijo, "y cuando Si vuelvo, te reembolsaré cualquier gasto extra que puedas tener"".
Lucas 10:36-37: "¿Cuál de estos tres crees que fue prójimo del hombre que cayó en manos de los ladrones?" El experto en la ley respondió: "El que tuvo misericordia de él". Jesús le dijo: 'Ve y haz lo mismo'".

Exposición:

Muy bien, seamos realistas: las acciones del buen samaritano fueron francamente heroicas. Es como cuando ves a alguien necesitado y en lugar de pasar de largo o mirar para otro lado, te detienes y le echas una mano. El buen samaritano no permitió que el miedo, los prejuicios o las molestias le impidieran mostrar compasión y bondad a un extraño necesitado.

- **Viendo la necesidad:** El buen samaritano no hizo la vista gorda ante el hombre herido que yacía al costado del camino: vio su necesidad y se conmovió con compasión. Es como cuando abres los ojos a las necesidades de quienes te rodean y permites que tu dolor y sufrimiento conmuevan tu corazón.

- **Tomando acción:** En lugar de simplemente sentir lástima por el herido, el buen samaritano tomó medidas prácticas para ayudarlo. Vendó sus heridas, lo llevó a una posada y pagó por su atención y recuperación. Es como cuando te arremangas y te pones a trabajar, usando tu tiempo, recursos y habilidades para marcar una diferencia en la vida de alguien.

- **Cruzando límites:** El samaritano no permitió que las barreras culturales o sociales le impidieran ayudar a alguien necesitado. A pesar de la animosidad entre judíos y samaritanos, mostró amor y compasión por su prójimo, independientemente de sus diferencias. Es como cuando derribas los muros de división y te acercas a aquellos que son diferentes a ti, mostrándoles el amor de Cristo de manera práctica.

Lecciones clave:

- **Vea la necesidad:** Abre tus ojos a las necesidades de quienes te rodean y permite que tu corazón se conmueva con compasión. No hagas la vista gorda ante el sufrimiento o la injusticia: toma medidas para aliviar el dolor y lograr la curación siempre que puedas.
- **Tomar acción:** No se limite a hablar de ayudar a los demás: arremangarse y ponerse a trabajar. Utilice su tiempo, recursos y habilidades para marcar una diferencia tangible en la vida de alguien, ya sea a través de actos de servicio, generosidad o defensa.
- **Cruzar límites:** Derriba los muros de división y tiende la mano a aquellos que son diferentes a ti. Muestre amor y compasión a sus vecinos, independientemente de su raza, religión o estatus social, y esfuércese por construir puentes de comprensión y reconciliación en un mundo dividido.

Preguntas de reflexión:

- ¿Cuándo hubo un momento en el que sentiste compasión para ayudar a alguien necesitado? ¿Qué aprendiste de esa experiencia?
- ¿De qué manera puedes utilizar tu tiempo, talentos y recursos para servir a los demás y marcar la diferencia en tu comunidad?
- ¿Existe alguna barrera cultural o social que debas superar para poder mostrar amor y compasión a quienes son diferentes a ti?

Punto de oración:

Dios, gracias por el ejemplo del Buen Samaritano, mostrándonos lo que significa amar a nuestro prójimo como a nosotros mismos. Ayúdanos a ver las necesidades de quienes nos rodean, a tomar medidas para aliviar el sufrimiento y traer sanación, y a cruzar las fronteras de la división y mostrar amor y compasión a todas las personas. Que nuestras vidas reflejen Tu amor y gracia hacia un mundo herido. Amén.
♠♥

Lección 27: Encontrar el equilibrio - María y Marta

Muy bien, equipo, profundicemos en la historia de María y Marta y aprendamos a encontrar el equilibrio en nuestras vidas. En un mundo donde la cultura del ajetreo y la presión de ser productivos constantemente pueden hacernos sentir agotados y estresados, la historia de Mary y Martha nos recuerda la importancia de priorizar lo que realmente importa. Analicemos esta lección eterna y descubramos cómo podemos encontrar el equilibrio entre trabajo y descanso, productividad y presencia.

Versículos de la Biblia:

Lucas 10:38-42: "Mientras Jesús y sus discípulos iban de camino, llegó a un pueblo donde una mujer llamada Marta le abrió su casa. Tenía una hermana llamada María, que estaba sentada a los pies del Señor. escuchando lo que decía. Pero Marta estaba distraída con todos los preparativos que había que hacer. Se acercó a él y le preguntó: 'Señor, ¿no te importa que mi hermana me haya dejado sola en el trabajo? ¡para ayudarme!' "Marta, Marta", respondió el Señor, "estás preocupada y perturbada por muchas cosas, pero pocas son necesarias, o incluso sólo una. María ha elegido lo mejor y nada le será quitado".

Exposición:

Muy bien, seamos realistas: todos hemos pasado por eso, sintiendo que necesitamos esforzarnos las 24 horas del día, los 7 días de la semana solo para mantenernos al día con las exigencias de la vida. Pero la historia de María y Marta nos recuerda que en la vida hay más que esforzarse y apresurarse constantemente. Es como cuando estás haciendo malabarismos con un millón de cosas a la vez, pero en el fondo sabes que necesitas reducir el ritmo y tomar aire.

- **Priorizando la presencia:** María eligió sentarse a los pies de Jesús y escuchar sus palabras, empapándose de su presencia y sabiduría. En lugar de quedar atrapada en el ajetreo de la vida, hizo tiempo para estar quieta y conectarse con Jesús. Es como cuando dejas el teléfono, te alejas del caos y simplemente disfrutas el momento.

- **Encontrar el equilibrio:** Martha, por otro lado, era muy ajetreada: estaba ocupada preparando la comida y asegurándose de que todo estuviera bien. Pero Jesús le recordó gentilmente que si bien es importante ocuparse de las responsabilidades prácticas, también es importante priorizar lo que realmente importa. Es como cuando te das cuenta de que no tienes que hacerlo todo y que está bien pedir ayuda o tomarte un descanso cuando lo necesitas.

- **Elegir la mejor manera:** En última instancia, Jesús elogió a María por elegir el mejor camino: el camino de la presencia, la conexión y la relación. Es como cuando te das cuenta de que la verdadera satisfacción no proviene de marcar tareas en tu lista de tareas pendientes, sino de cultivar conexiones significativas y pasar tiempo con tus seres queridos.

Lecciones clave:

- **Priorizar la presencia:** Dedique tiempo en su apretada agenda para sentarse a los pies de Jesús y sumergirse en Su presencia. Deja a un lado las distracciones y las ocupaciones, y permítete estar quieto y escuchar Su voz.
- **Encontrar balance:** No dejes que la presión de ser productivo constantemente te consuma. Tómate descansos cuando los necesites, pide ayuda cuando te sientas abrumado y prioriza el cuidado personal y el descanso junto con tus responsabilidades.
- **Elija la mejor manera:** Recuerde que la verdadera satisfacción proviene de cultivar conexiones y relaciones significativas, no de esforzarse y apresurarse constantemente. Elija la mejor forma de presencia, conexión y relación, y confíe en que todo lo demás encajará.

Preguntas de reflexión:

- ¿Cuándo fue la última vez que priorizaste la presencia sobre la productividad en tu vida? ¿Cómo te hizo sentir y qué aprendiste de esa experiencia?
- ¿En qué áreas de tu vida te cuesta encontrar el equilibrio entre trabajo y descanso, productividad y

presencia? ¿Cómo puedes crear más espacio para la quietud y la conexión con Jesús?

- ¿Hay algún paso práctico que puedas tomar para simplificar tu vida y priorizar lo que realmente importa? ¿Cómo puedes incorporar más momentos de descanso y reflexión a tu rutina diaria?

<u>Punto de oración:</u>

Dios, gracias por el ejemplo de María y Marta, mostrándonos la importancia de encontrar el equilibrio en nuestras vidas. Ayúdanos a priorizar la presencia sobre la productividad, a encontrar descanso y renovación en Tu presencia, y a elegir la mejor manera de conexión y relación contigo y con los demás. Amén. ♠ ✦

Lección 28: Confiando en los tiempos de Dios - Abraham y Sara

Muy bien, familia, hablemos de confiar en el tiempo de Dios, usando la historia de Abraham y Sara como nuestra inspiración. En un mundo donde la gratificación instantánea es el nombre del juego, esperar pacientemente a que se cumplan las promesas de Dios puede ser francamente difícil. Pero el viaje de Abraham y Sara nos recuerda que el tiempo de Dios siempre es perfecto, incluso cuando no se alinea con el nuestro. Analicemos esta lección y aprendamos cómo podemos confiar en el tiempo de Dios en nuestras propias vidas.

Versículos de la Biblia:

Génesis 21:1-2: "Y el Señor tuvo misericordia de Sara como había dicho, e hizo con Sara lo que había prometido. Sara concibió y le dio un hijo a Abraham en su vejez, en la el mismo tiempo que Dios le había prometido."

Exposición:

Muy bien, seamos realistas: esperar apesta, especialmente cuando estás esperando algo por lo que has estado orando y esperando. Pero la historia de Abraham y Sara nos enseña que siempre vale la pena esperar por el tiempo de Dios. Es como cuando estás esperando que atrape la ola perfecta, y aunque se necesita paciencia y perseverancia, al final el viaje vale la pena.

- **Frente a la duda y el retraso:** Abraham y Sara esperaron durante años a que Dios cumpliera su promesa de tener un hijo, y hubo momentos en los que dudaron y se preguntaron si alguna vez sucedería. Es como cuando estás esperando algo por lo que has estado orando, y la espera parece interminable y la duda te invade.
- **Confiando en la fidelidad de Dios:** A pesar de sus dudas y temores, Abraham y Sara continuaron confiando en la fidelidad de Dios y aferrándose a Sus promesas. Sabían que Dios podía hacer muchísimo más de lo que podían pedir o imaginar, y se aferraron a la esperanza incluso cuando las probabilidades parecían estar en su contra.
- **Experimentar la provisión de Dios:** Al final, Dios cumplió Su promesa a Abraham y Sara en Su tiempo perfecto, y les nació Isaac en su vejez. Es como cuando finalmente llegas a la cima de la montaña después de una caminata larga y agotadora y la vista te deja sin aliento: te das cuenta de que cada paso valió la pena para experimentar ese momento de plenitud y alegría.

Lecciones clave:

- **Enfrente la duda con fe:** Cuando surjan dudas y temores, elija confiar en la fidelidad de Dios y aferrarse a Sus promesas. Recuerda que Su tiempo es perfecto, incluso cuando no se alinea con el tuyo.

- **Aférrate a la esperanza:** Incluso cuando la espera parezca interminable y las probabilidades parezcan estar en tu contra, mantén la esperanza y cree que Dios es capaz de hacer muchísimo más de lo que podrías pedir o imaginar. Sigue orando, sigue creyendo y sigue confiando en Su plan para tu vida.
- **Cumplimiento de la experiencia:** Cuando las promesas de Dios se cumplan en su tiempo perfecto, experimente el gozo y el cumplimiento de su provisión. Reconocer que cada momento de espera valió la pena para experimentar la bondad de la provisión de Dios.

Preguntas de reflexión:

- ¿Alguna vez ha experimentado un momento en su vida en el que tuvo que esperar pacientemente por algo que esperaba? ¿Cómo atravesaste las dudas e incertidumbres durante ese tiempo?
- ¿Cómo puedes cultivar un sentido más profundo de confianza en el tiempo de Dios en tu propia vida? ¿Hay algún paso práctico que puedas tomar para fortalecer tu fe y aferrarte a Sus promesas?
- ¿En qué áreas de tu vida te cuesta confiar en el tiempo de Dios? ¿Cómo puedes entregarle esas áreas y descansar con la seguridad de que Él está obrando todas las cosas para tu bien?

Punto de oración:

Dios, gracias por el ejemplo de Abraham y Sara, mostrándonos la importancia de confiar en Tu tiempo y aferrarnos a Tus promesas. Ayúdanos a navegar a través de temporadas de espera con fe y paciencia, sabiendo que Tu tiempo es siempre perfecto. Fortalece nuestra confianza en Ti y llénanos de esperanza mientras esperamos expectantes que Tus promesas se cumplan en nuestras vidas. Amén. 🙏✨

Lección 29: Superar la duda - El encuentro de Tomás con Jesús

Muy bien, equipo, hablemos de superar las dudas, usando el encuentro de Tomás con Jesús como nuestra inspiración. En un mundo donde las dudas e incertidumbres pueden aparecer fácilmente, la historia de Tomás nos recuerda que incluso en nuestros momentos de duda, Jesús nos encuentra donde estamos y nos invita a experimentar su presencia y poder. Analicemos esta lección y aprendamos cómo podemos superar las dudas y crecer en nuestra fe.

Versículos de la Biblia:

Juan 20:24-29: "Tomás (también conocido como Dídimo), uno de los Doce, no estaba con los discípulos cuando Jesús vino. Entonces los otros discípulos le dijeron: '¡Hemos visto al Señor!' Pero él les dijo: 'Si no veo las señales de los clavos en sus manos, y no meto mi dedo donde estaban los clavos, y no meto mi mano en su costado, no creeré.' Una semana después, sus discípulos estaban otra vez en la casa, y Tomás estaba con ellos. Aunque las puertas estaban cerradas, Jesús vino y se puso en medio de ellos y dijo: '¡La paz esté con vosotros!' Entonces dijo a Tomás: "Pon aquí tu dedo; mira mis manos. Extiende tu mano y métela en mi costado. Deja de dudar y cree". Tomás le dijo: '¡Señor mío y Dios mío!' Entonces Jesús le dijo: 'Porque me has visto, has creído; bienaventurados los que sin haber visto, han creído.'"

Exposición:

Muy bien, seamos realistas: todos hemos tenido momentos de dudas en nuestro camino de fe. Ya sea cuestionando la existencia de Dios, Su bondad o Su plan para nuestras vidas, la duda es una parte natural de la experiencia humana. Pero la historia de Tomás nos recuerda que incluso en nuestros momentos de duda, Jesús nos encuentra donde estamos y nos invita a experimentar su presencia y poder.

- **Reconociendo la duda:** Tomás no tuvo miedo de admitir sus dudas; les dijo directamente a los otros discípulos que a menos que viera a Jesús con sus propios ojos y tocara Sus heridas, no creería. Es como cuando estás luchando con preguntas e incertidumbres en tu fe y no tienes miedo de expresar tus dudas y buscar respuestas.

- **Encuentro con Jesús:** A pesar de las dudas de Tomás, Jesús no lo descartó ni lo condenó. Se encontró con Tomás en sus dudas y lo invitó a experimentar su presencia y poder de primera mano. Es como cuando te encuentras con Jesús en medio de tus dudas e incertidumbres, y su amor y gracia te abruman, asegurándote que Él es real y que está contigo.

- **Creciendo en la fe:** Cuando Tomás se encontró con Jesús y vio sus heridas, sus dudas fueron reemplazadas por fe y confesó a Jesús como su Señor y Dios. Es como cuando experimentas la presencia y el poder de Dios en tu vida, y tus dudas se transforman en fe, fortaleciendo tu relación con Él.

Lecciones clave:

- **Reconoce tus dudas:** No tengas miedo de admitir tus dudas y preguntas en tu camino de fe. Dios puede manejar tus dudas y te invita a presentárselas en oración y buscar respuestas con el corazón y la mente abiertos.
- **Encuentro con Jesús:** Busca encontrar a Jesús en medio de tus dudas e incertidumbres. Dedica tiempo a la oración, lee Su Palabra y rodéate de una comunidad de creyentes que puedan apoyarte y animarte en tu camino de fe.
- **Crecer en fe:** Permite que tus encuentros con Jesús profundicen tu fe y confianza en Él. Deja que Su amor y gracia abrumen tus dudas y permite que Su presencia y poder transformen tu corazón y tu mente.

Preguntas de reflexión:

- ¿Cuáles son algunas dudas o preguntas con las que has luchado en tu camino de fe? ¿Cómo ha tratado de abordar o conciliar esas dudas?
- ¿Alguna vez has experimentado un momento de encuentro con Jesús en medio de tus dudas? ¿Cómo fue esa experiencia y cómo impactó tu fe?
- ¿Cómo puedes cultivar un sentido más profundo de confianza y fe en Dios, incluso en medio de la duda y la incertidumbre?

Punto de oración:

Dios, gracias por el ejemplo de Tomás, mostrándonos que incluso en nuestros momentos de duda, Tú nos encuentras donde estamos y nos invitas a encontrar Tu presencia y poder. Ayúdanos a reconocer nuestras dudas y a buscarte con mentes y corazones abiertos, confiando en que Tú te revelarás a nosotros de maneras nuevas y profundas. Fortalece nuestra fe y ayúdanos a crecer en nuestra confianza en Ti. Amén. 🙏✨

Lección 30: Cultivando la gratitud - Los diez leprosos

Muy bien, profundicemos en la historia de los diez leprosos y aprendamos cómo cultivar la gratitud en nuestras vidas. En un mundo donde es fácil centrarse en lo que no tenemos o en lo que va mal, la historia de los diez leprosos nos recuerda el poder de la gratitud para transformar nuestra perspectiva y traer alegría incluso en las situaciones más oscuras. Analicemos esta lección y descubramos cómo podemos cultivar un espíritu de gratitud en nuestras propias vidas.

Versículos de la Biblia:

Lucas 17:11-19: "Y Jesús, yendo a Jerusalén, pasó por la frontera entre Samaria y Galilea. Al entrar en una aldea, le salieron al encuentro diez hombres leprosos. Se pararon de lejos y gritó en voz alta: '¡Jesús, Maestro, ten piedad de nosotros!' Cuando los vio, dijo: "Id y mostraos a los sacerdotes". Y yendo, quedaron limpios. Uno de ellos, al verse sano, volvió alabando a Dios en alta voz. Se arrojó a los pies de Jesús y le dio gracias; y era samaritano. Jesús preguntó: "¿No fueron limpios los diez? ¿Dónde están los otros nueve? ¿Nadie ha vuelto a alabar a Dios excepto este extranjero?" Entonces él le dijo: 'Levántate y vete; tu fe te ha sanado'".

Exposición:

Muy bien, seamos realistas: estar agradecido no siempre es fácil, especialmente cuando la vida te pone obstáculos. Pero la historia de los diez leprosos nos enseña que incluso en medio de nuestras luchas, siempre hay algo por lo que estar agradecidos. Es como cuando tienes un día difícil, pero luego ves una hermosa puesta de sol y de repente todo se siente un poco más brillante.

- **Reconociendo las bendiciones:** Los diez leprosos se encontraban en una situación desesperada, lidiando con una enfermedad debilitante y aislante. Pero cuando Jesús los sanó, sólo uno de ellos regresó para expresar gratitud. Es como cuando te das cuenta de que incluso en medio de tus luchas, hay bendiciones a tu alrededor esperando ser notadas y apreciadas.
- **Expresando gracias:** El único leproso que regresó para agradecer a Jesús no solo murmuró un rápido "gracias", sino que se arrojó a los pies de Jesús y alabó a Dios en voz alta. Es como cuando estás tan abrumado por la gratitud que no puedes evitar gritarlo a los cuatro vientos y compartirlo con todos los que te rodean.
- **Recibir plenitud:** Jesús no sólo sanó físicamente al leproso, sino que también lo declaró "bien": íntegro en cuerpo, mente y espíritu. Es como cuando experimentas la plenitud de las bendiciones y la gracia de Dios en tu vida y te das cuenta de que la gratitud no es sólo un sentimiento sino una forma de vida que conduce a la verdadera plenitud y bienestar.

Lecciones clave:

- **Cuente sus bendiciones:** Tómate un tiempo cada día para notar y apreciar intencionalmente las bendiciones de tu vida, grandes y pequeñas. Cultive una mentalidad de gratitud concentrándose en lo que tiene en lugar de en lo que le falta.
- **Gracias expresas:** No guardes tu gratitud para ti mismo: exprésala libre y generosamente a Dios y a los demás. Ya sea a través de oración, alabanza o actos de bondad, deja que tu gratitud se desborde y toque las vidas de quienes te rodean.
- **Experimente la plenitud:** La gratitud no es sólo un detalle: es una fuerza poderosa que puede transformar tu perspectiva y traer sanación y plenitud a tu vida. Acepta la gratitud como una forma de vida y observa cómo te lleva a una sensación más profunda de alegría, paz y plenitud.

Preguntas de reflexión:

- ¿Cuáles son algunas de las bendiciones en tu vida que a menudo das por sentado? ¿Cómo puedes cultivar una mayor conciencia de estas bendiciones y expresar gratitud por ellas?
- ¿Alguna vez ha experimentado un momento de gratitud abrumadora que cambió su perspectiva o trajo sanación a su vida? ¿Cómo fue esa experiencia y cómo te impactó?
- ¿Cómo puedes incorporar más gratitud en tu rutina y relaciones diarias? ¿Existe alguna práctica o hábito

específico que puedas adoptar para cultivar un espíritu de agradecimiento en tu vida?

Punto de oración:

Dios, gracias por el ejemplo del leproso que regresó para expresar gratitud por su curación. Ayúdanos a cultivar un espíritu de gratitud en nuestras propias vidas, reconociendo Tus bendiciones y expresando gracias libre y generosamente. Que la gratitud se convierta en una forma de vida para nosotros, que nos lleve a experimentar mayor alegría, paz y plenitud. Amén. ♠♥

Lección 31: Encontrar un propósito en el dolor - El viaje de José

Muy bien, familia, hablemos de encontrar un propósito en el dolor, usando el viaje de Joseph como nuestra inspiración. En un mundo donde el dolor y el sufrimiento son demasiado comunes, la historia de José nos recuerda que incluso en los momentos más oscuros, Dios está obrando, tejiendo un hermoso tapiz de propósito y redención. Analicemos esta lección y descubramos cómo podemos encontrar esperanza y propósito en medio de nuestro propio dolor y luchas.

Versículos de la Biblia:

Génesis 50:20: "Tú pensaste hacerme daño, pero Dios lo dispuso para bien, para lograr lo que ahora se hace, la salvación de muchas vidas".

Exposición:

Muy bien, seamos realistas: la vida de Joseph no fue un paseo por el parque. Desde ser vendido como esclavo por sus propios hermanos hasta pasar años en prisión por un crimen que no cometió, José enfrentó más dolor y sufrimiento del que le correspondía. Pero a pesar de todo, Dios estuvo obrando, utilizando cada prueba y tribulación para cumplir Sus propósitos y lograr la redención.

- **Confiando en el plan de Dios:** A pesar de las injusticias y dificultades que enfrentó, José nunca perdió la fe en el plan de Dios para su vida. Reconoció que incluso en medio de sus momentos más oscuros, Dios estaba trabajando detrás de escena, orquestando eventos para su bien supremo y el de los demás. Es como cuando estás pasando por una mala racha y no puedes ver la luz al final del túnel, pero eliges confiar en que Dios todavía tiene el control y está resolviendo todo para tu beneficio.

- **Perdonar a los demás:** Uno de los aspectos más poderosos de la historia de José es su capacidad para perdonar a quienes le habían hecho daño, especialmente a sus hermanos que lo habían traicionado. En lugar de aferrarse a la amargura y el resentimiento, José decidió brindar gracia y perdón, reconociendo que Dios podía usar incluso las experiencias más dolorosas para Sus propósitos. Es como cuando alguien te lastima profundamente, pero eliges dejar ir la ira y la amargura y extender el perdón, sabiendo que eso te libera y permite que Dios obre en tu corazón y en tus relaciones.

- **Cumpliendo el propósito de Dios:** Al final, José se dio cuenta de que todas las pruebas y tribulaciones que había soportado eran parte del plan de Dios para salvar muchas vidas. Sus dolorosas experiencias lo habían preparado para ser un líder sabio y compasivo, capaz de guiar a Egipto en tiempos de hambruna y preservar las vidas de innumerables personas, incluida su propia familia. Es como cuando miras hacia atrás en tu propio viaje y ves cómo Dios ha usado tu dolor y tus luchas para convertirte en la persona que eres hoy, capaz de marcar una diferencia en las vidas de los demás.

Lecciones clave:

- **Confía en el plan de Dios:** Incluso cuando la vida no tiene sentido y estás enfrentando dolor y sufrimiento inimaginables, confía en que Dios tiene un propósito y un plan para tu vida. Él puede utilizar incluso los momentos más oscuros para lograr Sus propósitos y, en última instancia, sacar provecho de cada situación.
- **Elige el perdón:** Aferrarse a la amargura y al resentimiento sólo envenena tu propio corazón y te impide experimentar la libertad y la curación que trae el perdón. Elige perdonar a quienes te han hecho daño, sabiendo que no se trata de excusar sus acciones sino de liberarte de las cadenas de la ira y la amargura.
- **Encuentre un propósito en el dolor:** Tu dolor y tus luchas no son en vano: son parte del plan redentor de Dios para tu vida. Permite que Dios use tus experiencias para convertirte en la persona que Él te ha llamado a ser y cumplir Sus propósitos a través de ti, llevando esperanza y sanación a los demás.

Preguntas de reflexión:

- ¿Alguna vez ha experimentado un momento en su vida en el que luchó por ver el propósito de Dios en su dolor? ¿Cómo llegaste finalmente a confiar en Su plan y a encontrar significado a tu sufrimiento?

- ¿Hay alguien en tu vida a quien necesitas extenderle el perdón, incluso si es difícil? ¿Cómo puedes comenzar el proceso de perdón y sanación en esa relación?
- ¿Cómo tus propias experiencias de dolor y sufrimiento han moldeado tu comprensión de los propósitos de Dios para tu vida? ¿De qué manera has visto a Dios usar tus luchas para lograr el bien en tu propia vida y en la vida de los demás?

Punto de oración:

Dios, gracias por el ejemplo de José, mostrándonos que incluso en medio de nuestro dolor y sufrimiento, Tú estás obrando, tejiendo un hermoso tapiz de propósito y redención. Ayúdanos a confiar en Tu plan, extiende el perdón a aquellos que nos han hecho daño y encuentra significado y propósito en nuestras propias experiencias de dolor y lucha. Que nuestras vidas te traigan gloria mientras te permitimos obrar a través de nosotros para salvar muchas vidas. Amén. ♠✦

Lección 32: Influencia de las redes sociales: lecciones de Esther

Muy bien, hablemos de la influencia de las redes sociales, usando la historia de Ester como inspiración. En un mundo donde los me gusta, los seguidores y las acciones compartidas tienen tanta influencia, la historia de Esther nos recuerda el poder y la responsabilidad que conlleva la influencia. Analicemos esta lección y descubramos cómo podemos usar nuestras plataformas para el bien y generar un impacto positivo en el mundo que nos rodea.

Versículos de la Biblia:

Ester 4:14: "Porque si permaneces en silencio en este tiempo, el alivio y la liberación para los judíos surgirán de otro lugar, pero tú y la familia de tu padre perecerán. ¿Y quién sabe si no has venido a tu reino real? posición para un momento como éste?

Exposición:

Muy bien, seamos realistas: Esther estaba viviendo su mejor vida, relajándose en el palacio como reina, cuando de repente se vio empujada a una posición de influencia y responsabilidad. Cuando su pueblo enfrentó la destrucción, Esther tuvo que tomar una decisión: permanecer en silencio y a salvo o usar su plataforma para hablar y marcar la diferencia. Es como cuando estás navegando por tu feed, ocupándote de tus propios asuntos, y de repente te encuentras con un problema que exige tu atención y acción.

- **Reconociendo la influencia:** Ester comprendió el poder de su posición como reina y la influencia que tenía sobre el rey Jerjes. En lugar de utilizar su plataforma para beneficio personal o autopromoción, Esther reconoció que su influencia podría usarse para salvar las vidas de su pueblo. Es como cuando te das cuenta del impacto que tus palabras y acciones pueden tener en quienes te rodean y eliges utilizar tu influencia para el bien.

- **Tomar riesgos:** Hablar en nombre de su pueblo no fue tarea fácil para Ester: significaba arriesgar su propia seguridad y potencialmente enfrentar el rechazo o represalias del rey. Pero Esther estaba dispuesta a correr ese riesgo porque sabía que permanecer en silencio significaría complicidad en la destrucción de su pueblo. Es como cuando defiendes lo que es correcto, incluso cuando es arriesgado o impopular, porque sabes que el silencio no es una opción cuando hay vidas en juego.

- **Marcando la diferencia: en** Al final, la valentía y la voluntad de Ester de usar su influencia salvaron las vidas de su pueblo y provocaron liberación y libertad. Es como cuando usas tu plataforma para crear conciencia, movilizar apoyo y lograr cambios en tu comunidad y más allá, llevando esperanza y justicia a quienes más lo necesitan.

Lecciones clave:

- **Reconozca su influencia:** Ya sea que tengas unos pocos seguidores o unos millones, reconoce la influencia que tienes y el impacto que tus palabras y acciones pueden tener en los demás. Utilice su plataforma de manera responsable e intencional para elevar y empoderar a quienes lo rodean.

- **Habla por la justicia:** Cuando vea que se produce injusticia u opresión, no haga la vista gorda: hable y use su voz para abogar por el cambio. Recuerde que el silencio sólo perpetúa el status quo, mientras que hablar tiene el poder de generar una transformación significativa.

- **Tome riesgos por lo que es correcto:** A veces, utilizar tu influencia significa correr riesgos y salir de tu zona de confort. Esté dispuesto a decirle la verdad al poder, incluso si eso significa enfrentar reacciones violentas o críticas. Recuerda que el verdadero coraje no es la ausencia de miedo sino la voluntad de actuar a pesar de él.

Preguntas de reflexión:

- ¿Cuáles son algunas de las formas en las que actualmente utilizas tus plataformas de redes sociales para siempre? ¿Cómo puede aprovechar su influencia para lograr un impacto aún mayor en su comunidad y más allá?

- ¿Hay algún tema de justicia social que le apasione pero sobre el que haya dudado en hablar? ¿Qué pasos puedes tomar para superar tus miedos y usar tu voz para abogar por el cambio?

- ¿Cómo puedes utilizar tu influencia para elevar y empoderar a quienes están marginados u oprimidos? ¿Existen organizaciones o causas específicas que pueda apoyar a través de su plataforma para amplificar sus voces y lograr un cambio positivo?

Punto de oración:

Dios, gracias por el ejemplo de Ester, mostrándonos el poder y la responsabilidad que conlleva la influencia. Ayúdanos a reconocer las plataformas que nos has dado y a usarlas de manera responsable e intencional para un bien mayor. Danos el coraje para hablar por la justicia, incluso cuando sea difícil o arriesgado, y la sabiduría para usar nuestra influencia para elevar y empoderar a quienes más lo necesitan. Amén. 🙏🌟

Lección 33: Resistir la tentación: la experiencia de Jesús en el desierto

Muy bien, profundicemos en resistir la tentación, usando la experiencia de Jesús en el desierto como nuestra guía. En un mundo lleno de distracciones y tentaciones, el ejemplo de Jesús nos enseña cómo permanecer fieles a nuestros valores y resistir el atractivo del pecado. Analicemos esta lección y descubramos formas prácticas de superar la tentación en nuestras propias vidas.

Versículos de la Biblia:

Mateo 4:1-11: "Entonces Jesús fue llevado por el Espíritu al desierto para ser tentado por el diablo. Después de ayunar cuarenta días y cuarenta noches, tuvo hambre. El tentador se le acercó y le dijo: 'Si tú eres el Hijo de Dios, di a estas piedras que se conviertan en pan.' Jesús respondió: Escrito está: No sólo de pan vivirá el hombre, sino de toda palabra que sale de la boca de Dios. Entonces el diablo lo llevó a la ciudad santa y lo puso en lo más alto de la montaña. templo. "Si eres Hijo de Dios", dijo, "échate abajo. Porque escrito está: "A sus ángeles mandará acerca de ti, y te alzarán en sus manos, para que no te golpees". tu pie contra una piedra.' Jesús le respondió: 'También está escrito: 'No pongas a prueba al Señor tu Dios.' Nuevamente, el diablo lo llevó a un monte muy alto y le mostró todos los reinos de el mundo y su esplendor. "Todo esto te daré", dijo, "si te inclinas y me adoras". Jesús le dijo: "¡Aléjate de mí, Satanás! Porque escrito está: "Adora al Señor tu Dios y sírvele sólo a él". Entonces el diablo lo dejó, y vinieron ángeles y lo acompañaron".

Exposición:

Muy bien, seamos realistas: la tentación está en todas partes, desde los últimos dispositivos que nos tientan a gastar dinero que no tenemos hasta la presión de comprometer nuestros valores para encajar con la multitud. Pero la experiencia de Jesús en el desierto nos muestra que la tentación no es el final de la historia: es una oportunidad para fortalecernos en nuestra fe y confianza en Dios.

- **Conozca sus debilidades:** Jesús era plenamente consciente de su vulnerabilidad a la tentación, especialmente después de ayunar durante cuarenta días y cuarenta noches. El diablo sabía exactamente cuándo atacar, tentando a Jesús con comida cuando tenía hambre y con poder cuando estaba débil. Es como cuando conoces tus debilidades y tus factores desencadenantes, ya sean antojos nocturnos o la presión de tus amigos, y tomas medidas proactivas para protegerte de la tentación.

- **Manténgase firme en la Palabra de Dios: en** Ante la tentación, Jesús no confió en su propia fuerza o razonamiento: se mantuvo firme en la verdad de la Palabra de Dios. Cada vez que el diablo lo tentó, Jesús respondió con las Escrituras, declarando su lealtad a Dios y su compromiso con la voluntad de su Padre. Es como cuando te armas con la verdad de la Palabra de Dios, memorizando versículos y verdades claves para combatir las mentiras y engaños del enemigo.

- **Resiste y huye:**Cuando la tentación persistió, Jesús no la aceptó ni negoció con el diablo: resistió y huyó de sus garras. No cedió ni un centímetro de terreno al enemigo, sino que reprendió firmemente a Satanás y le ordenó que se fuera. Es como cuando reconoces la tentación tal como es (una trampa diseñada para atrapar y destruir) y eliges huir de su atractivo, buscando refugio en los brazos de la gracia y la protección de Dios.

Lecciones clave:

- **Conozca sus debilidades:** Haga un inventario de sus vulnerabilidades y factores desencadenantes, y sea proactivo para protegerse contra la tentación en esas áreas.
- **Manténgase firme en la Palabra de Dios:** Ármate con la verdad de las Escrituras, memorizando versículos y verdades clave para combatir las mentiras y engaños del enemigo.
- **Resiste y huye:** Cuando la tentación llegue a tu puerta, no la admitas ni negocies con ella; resiste y huye de sus garras, buscando refugio en la gracia y la protección de Dios.

Preguntas de reflexión:

- ¿Cuáles son algunas áreas de tentación o debilidad en tu vida? ¿Cómo puedes protegerte proactivamente contra la tentación en esas áreas?
- ¿Qué tan familiarizado estás con la Palabra de Dios y con qué frecuencia confías en ella cuando te enfrentas a la tentación? ¿Hay versículos o verdades específicas que puedas memorizar para combatir las mentiras y engaños del enemigo?
- Cuando te enfrentas a la tentación, ¿tiendes a resistir y huir o a entretenerte y negociar? ¿Cómo puedes cultivar una mentalidad de resistencia y confianza en la fuerza de Dios frente a la tentación?

Punto de oración:

Dios, gracias por el ejemplo de Jesús, mostrándonos cómo resistir la tentación y mantenernos firmes en Tu Palabra. Ayúdanos a conocer nuestras debilidades, a mantenernos firmes en tu verdad y a resistir la tentación con valentía y convicción. Que Tu Espíritu nos capacite para huir del pecado y encontrar refugio en Tu gracia y protección. Amén. 🏹🔥

Lección 34: Abrazar la diversidad - Lecciones de Pentecostés

Muy bien, familia, hablemos de abrazar la diversidad, usando las lecciones de Pentecostés como nuestra inspiración. En un mundo que a menudo nos divide según nuestras diferencias, Pentecostés nos recuerda la belleza y el poder de la unidad en la diversidad. Analicemos esta lección y descubramos cómo podemos celebrar nuestras diferencias y construir puentes entre culturas, idiomas y orígenes.

Versículos de la Biblia:

Hechos 2:1-4: "Cuando llegó el día de Pentecostés, estaban todos juntos en un lugar. De repente, vino del cielo un estruendo como el de un viento violento que llenó toda la casa donde estaban sentados. "Vieron como lenguas de fuego que se separaban y se posaban sobre cada uno de ellos. Todos fueron llenos del Espíritu Santo y comenzaron a hablar en otras lenguas, según el Espíritu les permitía."

Exposición:

Muy bien, seamos realistas: ¡Pentecostés fue iluminado! Imagínese esto: un grupo diverso de creyentes de diferentes orígenes e idiomas, todos reunidos en un solo lugar, llenos del Espíritu Santo y hablando en lenguas. Fue una hermosa muestra de unidad en la diversidad, donde todos fueron incluidos y empoderados para compartir la obra del reino de Dios.

- **Celebrando las diferencias:** Pentecostés no se trataba de que todos se volvieran iguales: se trataba de celebrar los dones, las culturas y los idiomas únicos que cada persona aportaba. En lugar de intentar homogeneizar o asimilar a todos en un solo molde, el Espíritu Santo abrazó y celebró la diversidad de la creación de Dios. Es como cuando reconoces que la diversidad no es una amenaza a la unidad sino un reflejo de la creatividad y la belleza de Dios.

- **Construyendo puentes:** Pentecostés también consistió en construir puentes a través de barreras culturales y lingüísticas, ya que creyentes de diferentes orígenes pudieron entenderse y comunicarse entre sí a través del poder del Espíritu Santo. En lugar de permitir que las diferencias los dividieran, los creyentes se unieron en unidad, compartiendo su fe y sus experiencias unos con otros. Es como cuando buscas intencionalmente oportunidades para aprender y conectarte con personas que son diferentes a ti, reconociendo que la verdadera unidad se construye sobre una base de respeto y comprensión mutuos.

- **Empoderar a todos:** En Pentecostés, todos fueron incluidos y empoderados para participar en la obra del reino de Dios, sin importar su origen o idioma. El Espíritu Santo no favoreció ni excluyó a nadie por su origen étnico o educación cultural: llenó a cada creyente con su poder y les permitió hablar en idiomas que nunca antes habían aprendido. Es como cuando te das cuenta de que el Espíritu de Dios está obrando en cada persona, independientemente de sus antecedentes o circunstancias, y Él nos equipa a cada uno de nosotros con dones y habilidades únicos para contribuir a la obra de Su reino.

Lecciones clave:

- **Celebre las diferencias:** En lugar de ver la diversidad como una amenaza, celebre los dones, las culturas y los idiomas únicos que cada persona aporta. Abrace la riqueza de la diversidad y reconózcala como un reflejo de la creatividad y la belleza de Dios.
- **Construir puentes:** Tome medidas intencionales para construir puentes a través de barreras culturales y lingüísticas, buscando oportunidades para aprender y conectarse con personas que son diferentes a usted. Fomentar un ambiente de respeto y comprensión mutuos, donde todos se sientan valorados e incluidos.
- **Empoderar a todos:** Reconozca que el Espíritu de Dios está obrando en cada persona, independientemente de sus antecedentes o circunstancias. Capacite a otros para que utilicen sus dones y talentos para la obra del reino de Dios y cree un espacio para que todos contribuyan y participen de manera significativa.

Preguntas de reflexión:

- ¿Cómo ve actualmente la diversidad en su propia vida y comunidad? ¿Existen sesgos o prejuicios que debas abordar para poder abrazar plenamente la belleza de la diversidad?
- ¿Puedes pensar en algún momento en el que hayas experimentado el poder de la unidad en la diversidad, ya sea personalmente o dentro de tu comunidad? ¿Qué hizo que esa experiencia fuera significativa o impactante para usted?
- ¿Qué pasos puedes tomar para construir puentes a través de las barreras culturales y lingüísticas en tu propia vida y comunidad? ¿Cómo se puede crear un espacio para que todos se sientan valorados e incluidos, independientemente de su origen o idioma?

Punto de oración:

Dios, gracias por el ejemplo de Pentecostés, mostrándonos la belleza y el poder de la unidad en la diversidad. Ayúdanos a celebrar nuestras diferencias, construir puentes a través de barreras culturales y lingüísticas y capacitar a todos para que utilicen sus dones para la obra de Tu reino. Que Tu Espíritu continúe uniéndonos como un solo cuerpo, compartiendo el amor y la gracia de Jesucristo. Amén. ♠●

Lección 35: Gestión Ambiental - La Creación de Dios

Muy bien, hablemos de administración ambiental, usando la creación de Dios como nuestra inspiración. En un mundo que enfrenta desafíos ambientales como el cambio climático y la deforestación, es más importante que nunca reconocer nuestra responsabilidad de cuidar y proteger la tierra que Dios nos ha confiado. Analicemos esta lección y descubramos cómo podemos ser fieles mayordomos de la creación de Dios.

Versículos de la Biblia:

Génesis 1:31: "Vio Dios todo lo que había hecho, y era muy bueno. Y fue la tarde y la mañana: el día sexto".

Exposición:

Muy bien, seamos realistas: ¡Dios creó la tierra y la llamó buena! Desde las majestuosas montañas hasta los vastos océanos, cada parte de la creación refleja la belleza y la creatividad de Dios. Como administradores de la creación de Dios, es nuestra responsabilidad cuidar y proteger la Tierra, asegurando que las generaciones futuras puedan seguir disfrutando de su belleza y sus recursos.

- **Guardianes de la Creación:** Al principio, Dios confió a la humanidad el cuidado y la mayordomía de Su creación. Nos dio dominio sobre la tierra, no como una licencia para explotarla o abusar de ella, sino como una responsabilidad para cultivarla y preservarla. Es como cuando te dan las llaves de la casa de un amigo: no destrozas el lugar; lo cuidas y lo dejas mejor como lo encontraste.

- **Honrando el diseño de Dios:** Como administradores de la creación de Dios, tenemos la responsabilidad de honrar y respetar el valor y la dignidad inherentes de cada parte de la creación. Eso significa tratar a los animales con amabilidad, preservar la biodiversidad y respetar el delicado equilibrio de los ecosistemas. Es como cuando aprecias el intrincado diseño de una obra maestra y ni se te ocurre desfigurarla o destruirla.

- **Vida sostenible:** La gestión ambiental no se trata sólo de preservar la tierra para las generaciones futuras, sino también de vivir en armonía con la creación en el presente. Eso significa practicar hábitos de vida sostenibles, reducir los residuos, conservar los recursos y minimizar nuestra huella ecológica. Es como cuando reconoces que cada acción tiene un impacto y te esfuerzas por tomar decisiones que honren la creación de Dios y promuevan el florecimiento de toda vida.

Lecciones clave:

- **Guardianes de la Creación:** Reconozca su papel como administrador de la creación de Dios y comprométase a cuidar y proteger la tierra.

- **Honrando el diseño de Dios:** Trate cada parte de la creación con respeto y dignidad, honrando el valor inherente y la belleza de la obra de Dios.
- **Vida sostenible:** Practique hábitos de vida sostenibles y esfuércese por minimizar su huella ecológica, tomando decisiones que honren la creación de Dios y promuevan el florecimiento de toda la vida.

Preguntas de reflexión:

- ¿Cómo ve actualmente su papel como administrador de la creación de Dios? ¿Hay algún cambio que deba realizar para cuidar y proteger mejor la Tierra?
- ¿Puedes pensar en algún momento en el que hayas sido testigo de la belleza y la maravilla de la creación de Dios? ¿Cómo esa experiencia profundizó su aprecio por el mundo natural?
- ¿Qué medidas puedes tomar para vivir de forma más sostenible y reducir tu huella ecológica? ¿Hay algún hábito o práctica específica que puedas adoptar para cuidar mejor la creación de Dios en tu vida diaria?

Punto de oración:

Dios, gracias por la belleza y majestad de Tu creación, confiada a nuestro cuidado como administradores de la tierra. Ayúdanos a honrar y respetar cada parte de la creación, practicando hábitos de vida sostenibles y minimizando nuestra huella ecológica. Que seamos fieles mayordomos de Tu creación, preservando su belleza y sus recursos para que los disfruten las generaciones futuras. Amén. 🌿⬤

Lección 36: Rechazo y resiliencia - El llamado de Jeremías

Muy bien, seamos realistas sobre el rechazo y la resiliencia, usando el llamado de Jeremías como guía. En un mundo donde el rechazo puede parecer un puñetazo en el estómago, la historia de Jeremías nos recuerda que incluso ante el rechazo, el llamado de Dios a nuestras vidas permanece sin cambios. Profundicemos en esta lección y descubramos cómo podemos cultivar la resiliencia en medio del rechazo.

Versículos de la Biblia:

Jeremías 1:5: "Antes que te formase en el vientre te conocí, antes de que nacieras te aparté; te nombré profeta a las naciones".

Exposición:

Muy bien, seamos realistas: el llamado de Jeremías no fue un paseo por el parque. Cuando Dios lo llamó a ser profeta para las naciones, Jeremías enfrentó rechazo y oposición en todo momento. Su mensaje de arrepentimiento y juicio fue impopular y a menudo se sintió solo e incomprendido. Pero a pesar de todo, Jeremías permaneció fiel a su llamado, confiando en la soberanía y el propósito de Dios para su vida.

- **Llamados y Elegidos:** Incluso antes de que Jeremías naciera, Dios lo conocía y lo apartó para un propósito específico: ser profeta para las naciones. A pesar de las dudas e inseguridades de Jeremías, Dios le aseguró su llamado y lo equipó con todo lo que necesitaba para cumplirlo. Es como cuando te sientes no calificado o inadecuado para la tarea que Dios te ha encomendado, pero Él te recuerda que te eligió por una razón y te equipará para el viaje que tienes por delante.

- **Frente al rechazo:** El mensaje de Jeremías no fue fácil de transmitir. Enfrentó el rechazo y la hostilidad de su propio pueblo, que se negó a escuchar sus advertencias sobre un juicio inminente. Pero Jeremías no dejó que su rechazo lo detuviera: se mantuvo firme en su compromiso con la verdad de Dios, incluso cuando le costó muy caro. Es como cuando defiendes lo que es correcto, incluso si eso significa enfrentar la crítica o el rechazo de quienes te rodean, porque sabes que vale la pena luchar por la verdad.

- **Cultivando la resiliencia:** A pesar de los desafíos que enfrentó, Jeremías se mantuvo resistente en su fe y llamado. No permitió que el rechazo o la oposición lo definieran o lo disuadieran de su misión. En cambio, continuó confiando en la fidelidad y soberanía de Dios, sabiendo que Sus planes para la vida de Jeremías eran buenos y tenían un propósito. Es como cuando te recuperas de los reveses y decepciones, negándote a permitir que te impidan perseguir el propósito de Dios para tu vida con pasión y perseverancia.

Lecciones clave:

- **Conozca su vocación:** Recuerda que Dios tiene un propósito y un plan para tu vida y te ha elegido para una tarea específica. Confía en Su llamado para tu vida y apóyate en Su fuerza y guía mientras lo cumples.
- **Enfrente el rechazo con gracia:** Entiende que el rechazo es parte del viaje, pero no dejes que te defina ni te desanime. Mantente firme en tus convicciones y continúa diciendo la verdad con amor, incluso cuando sea impopular o encuentre resistencia.
- **Manténgase resiliente:** Cultiva la resiliencia ante la adversidad, sabiendo que Dios está contigo y te sostendrá en cada prueba y dificultad. Siga adelante con fe, confiando en que los propósitos de Dios finalmente prevalecerán.

Preguntas de reflexión:

- ¿Alguna vez ha experimentado rechazo u oposición mientras seguía el llamado de Dios en su vida? ¿Cómo respondiste y qué aprendiste de la experiencia?
- ¿Cómo se cultiva la resiliencia ante el rechazo o la adversidad? ¿Existen prácticas o hábitos específicos que le ayuden a mantenerse firme en su fe y su llamado?
- ¿Hay áreas de tu vida en las que te sientes inseguro o inadecuado para cumplir el llamado de Dios? ¿Cómo

puedes apoyarte en Su fuerza y confiar en Su guía mientras das un paso de fe?

Punto de oración:

Dios, gracias por el ejemplo de Jeremías, que nos muestra cómo permanecer fieles y resilientes ante el rechazo. Ayúdanos a confiar en Tu llamado en nuestras vidas, enfrentar el rechazo con gracia y coraje, y cultivar la resiliencia en medio de la adversidad. Que siempre podamos apoyarnos en Tu fuerza y guía mientras perseguimos Tus propósitos para nuestras vidas. Amén. 🙏

Lección 37: Construyendo límites saludables - Lecciones de Nehemías

Muy bien, hablemos de límites, usando la historia de Nehemías como nuestra inspiración. En un mundo donde los límites a menudo son borrosos y traspasados, el liderazgo de Nehemías nos enseña la importancia de establecer límites saludables para proteger nuestro tiempo, energía y recursos. Analicemos esta lección y descubramos cómo podemos construir y mantener límites saludables en nuestras propias vidas.

Versículos de la Biblia:

Nehemías 6:3: "Entonces les envié mensajeros con esta respuesta: 'Estoy llevando a cabo un gran proyecto y no puedo bajar. ¿Por qué debería detenerse el trabajo mientras yo lo dejo y bajo a ustedes?'"

Exposición:

Muy bien, seamos realistas: Nehemías tenía serias habilidades para establecer límites. Cuando fue llamado a reconstruir los muros de Jerusalén, Nehemías enfrentó constante oposición y distracción por parte de sus enemigos que buscaban descarrilar su misión. Pero Nehemías no dejó que sus planes lo distrajeran: permaneció concentrado en su tarea y estableció límites claros para proteger su tiempo y energía.

- **Enfocados en la Misión:** Nehemías estaba concentrado en su misión de reconstruir los muros de Jerusalén. A pesar de la constante oposición y distracciones, Nehemías se negó a dejarse disuadir de su tarea. Priorizó el trabajo que Dios lo había llamado a hacer y estableció límites para proteger su tiempo y energía de cualquier cosa que pudiera obstaculizar su progreso. Es como cuando tienes un sentido claro de propósito y dirección en la vida y te niegas a permitir que nada te distraiga de perseguir el llamado de Dios en tu vida.

- **Resistir las distracciones:** Nehemías enfrentó intentos implacables de sus enemigos de distraerlo de su misión. Intentaron de todo, desde intimidación hasta engaño, para alejar a Nehemías de su trabajo. Pero Nehemías se dio cuenta de sus planes y se negó a dejarse influenciar. Sabía que su misión era demasiado importante como para descarrilarla por pequeñas distracciones, por lo que estableció límites para proteger su concentración y productividad. Es como cuando reconoces la diferencia entre oportunidades genuinas y distracciones en tu vida, y estableces límites para proteger tu tiempo y energía de cualquier cosa que te aleje de tus prioridades.

- **Mantener la integridad:** A lo largo de su liderazgo, Nehemías se mantuvo firme en su integridad y compromiso con la obra de Dios. Se negó a comprometer sus valores o entablar tratos turbios con sus enemigos, incluso cuando hubiera sido más fácil hacerlo. La integridad inquebrantable de Nehemías le valió la confianza y el respeto de sus seguidores, dándoles el poder para unirse a él en la obra de reconstruir los muros de Jerusalén. Es como cuando te aferras a tus principios y valores, incluso cuando es difícil o impopular, y te ganas el respeto y la confianza de los demás a través de tu coherencia y autenticidad.

Lecciones clave:

- **Manténgase enfocado en su misión:** Identifique sus prioridades y manténgase enfocado en las tareas que se alinean con sus valores y objetivos. Establezca límites para proteger su tiempo y energía de distracciones que lo alejarían de su misión.
- **Resista las distracciones:** Reconozca la diferencia entre oportunidades genuinas y distracciones en su vida y establezca límites para proteger su concentración y productividad. No permita que pequeñas distracciones le impidan perseguir sus objetivos y cumplir su propósito.
- **Mantener la integridad:** Aférrese firmemente a sus principios y valores, incluso frente a la tentación o la presión para llegar a un acuerdo. Su integridad le hará ganar el respeto y la confianza de los demás y le permitirá liderar con autenticidad y autoridad.

Preguntas de reflexión:

- ¿Cuáles son sus principales prioridades en la vida y cómo asigna actualmente su tiempo y energía para alinearse con esas prioridades? ¿Hay áreas en las que necesita establecer límites más claros para proteger su concentración y productividad?

- ¿Cuáles son algunas distracciones o pérdidas de tiempo comunes en su vida y cómo afectan su capacidad para perseguir sus metas y sueños? ¿Cómo puedes establecer límites para limitar estas distracciones y mantenerte concentrado en lo que realmente importa?
- ¿Cómo mantiene la integridad en su vida personal y profesional, especialmente cuando enfrenta decisiones difíciles o tentaciones de comprometer sus valores? ¿Existen prácticas o hábitos específicos que puedas adoptar para fortalecer tu determinación y permanecer fiel a ti mismo?

Punto de oración:

Dios, gracias por el ejemplo de Nehemías, que nos muestra la importancia de establecer límites saludables para proteger nuestro tiempo, energía y recursos. Ayúdanos a mantenernos enfocados en nuestra misión, resistir las distracciones y mantener la integridad en todas las áreas de nuestras vidas. Que Tu Espíritu nos guíe mientras nos esforzamos por vivir con propósito e intencionalidad. Amén. 🙏🛡️

Lección 38: Liderazgo en crisis: el estilo de liderazgo de Moisés

Muy bien, hablemos de liderazgo en crisis, usando el estilo de liderazgo de Moisés como nuestra inspiración. En tiempos de incertidumbre y adversidad, el ejemplo de Moisés nos enseña valiosas lecciones sobre el coraje, la humildad y la confianza en la guía de Dios. Analicemos esta lección y descubramos cómo podemos liderar eficazmente en medio de la crisis.

Versículos de la Biblia:

Éxodo 14:13-14: "Moisés respondió al pueblo: 'No temáis. Manteneos firmes y veréis la liberación que el Señor os traerá hoy. Los egipcios que veis hoy, no los volveréis a ver nunca más. El Señor luchará por ti; sólo necesitas estar quieto.'"

Exposición:

Muy bien, seamos realistas: Moisés fue el OG del liderazgo en crisis. Cuando Dios lo llamó para sacar a los israelitas de la esclavitud en Egipto, Moisés enfrentó una crisis tras otra, desde plagas hasta hambrunas y ataques enemigos. Pero a pesar de todo, Moisés se mantuvo firme en su fe y confianza en la guía de Dios.

- **Coraje ante el miedo:** Moisés no endulzó los desafíos que se avecinaban: reconoció los temores y las incertidumbres de los israelitas, pero les recordó que confiaran en la liberación de Dios. Lideró con valentía y confianza, incluso cuando se enfrentó a obstáculos aparentemente imposibles. Es como cuando reconoces la realidad de la crisis que estás enfrentando pero eliges liderar con valentía y fe, sabiendo que Dios está contigo en cada paso del camino.

- **Humildad en el liderazgo:** A pesar de su posición de autoridad, Moisés no se veía a sí mismo por encima del pueblo que dirigía. Escuchó sus preocupaciones y buscó la guía de Dios para tomar decisiones que beneficiarían a toda la comunidad. No dejó que el orgullo o el ego se interpusieran en el camino de un liderazgo eficaz, sino que se mantuvo humilde y abierto a la retroalimentación y la orientación. Es como cuando reconoces que el verdadero liderazgo no se trata de enseñorearse de los demás sino de servirles con humildad y compasión, buscando sus mejores intereses por encima de los tuyos.

- **Confía en la guía de Dios:** A lo largo de su liderazgo, Moisés confió en la guía y provisión de Dios, incluso cuando parecía que las probabilidades estaban en su contra. No confió en su propia fuerza o sabiduría, sino que se apoyó en las promesas y la presencia de Dios para guiar a los israelitas a la seguridad y la libertad. Es como cuando entregas el control y confías en la guía de Dios, sabiendo que Él es fiel para guiarte incluso a través de los valles más oscuros hasta la tierra prometida de Sus bendiciones y provisión.

Lecciones clave:

- **Coraje en Crisis:** Lidera con valentía y confianza, confiando en la liberación y provisión de Dios incluso ante el miedo y la incertidumbre.
- **Humildad en el liderazgo:** Sirva con humildad y compasión, escuchando las preocupaciones de quienes lidera y buscando la guía de Dios para tomar decisiones que beneficien a toda la comunidad.
- **Confía en la guía de Dios:** Entregue el control y confíe en las promesas y la presencia de Dios para guiarlo a través de cada crisis y desafío, sabiendo que Él es fiel para liberar y proveer a Su pueblo.

Preguntas de reflexión:

- ¿Alguna vez ha experimentado una crisis o un desafío en su vida que requirió un liderazgo valiente? ¿Cómo respondiste y qué aprendiste de la experiencia?
- ¿Cómo aborda el liderazgo en tiempos de incertidumbre y adversidad? ¿Hay áreas en las que necesitas cultivar más coraje, humildad o confianza en la guía de Dios?
- ¿Qué pasos puedes tomar para apoyarte más plenamente en las promesas y la presencia de Dios en tu liderazgo, especialmente en tiempos de crisis o desafíos? ¿Existen prácticas o hábitos específicos que puedas adoptar para fortalecer tu fe y tu confianza en la guía de Dios?

Punto de oración:

Dios, gracias por el ejemplo de Moisés, que nos muestra cómo liderar eficazmente en tiempos de crisis con valentía, humildad y confianza en Tu guía. Ayúdanos a seguir su ejemplo, liderando con valentía, sirviendo con humildad y confiando en Tus promesas y provisión para guiarnos a través de cada desafío y prueba. Que Tu Espíritu nos capacite para liderar con sabiduría y compasión, brindando esperanza y estabilidad a quienes lideramos. Amén. 🙏

Lección 39: Manejando el estrés - Los Salmos de David

Muy bien, familia, hablemos del estrés: todos hemos pasado por eso, ¿verdad? Pero David sabía un par de cosas sobre cómo lidiar con el estrés y nos dejó algunos Salmos de fuego para ayudarnos a afrontarlo cuando la vida se vuelve real. Así que toma tus auriculares, escucha algunas melodías de adoración y profundicemos en la lista de reproducción de David para manejar el estrés como un jefe.

Versículos de la Biblia:

Salmo 23:4: "Aunque camine por el valle más oscuro, no temeré mal alguno, porque tú estás conmigo; tu vara y tu cayado me infunden aliento".

Exposición:

David no era sólo un rey; también era poeta y, déjame decirte, sabía cómo expresar sus sentimientos. Cuando la vida se puso difícil, David no se contuvo; derramó su corazón a Dios en oraciones crudas y honestas que te impactan directamente. Analicemos algunos de los Salmos de David y veamos qué podemos aprender sobre cómo manejar el estrés como un profesional.

- **Apóyate en las promesas de Dios:** Cuando el estrés llega a tu puerta, es fácil sentirse abrumado y solo. Pero David nos recuerda que nunca estamos solos:

Dios está con nosotros en cada paso del camino. Él es nuestra roca, nuestro refugio, nuestro lugar seguro en la tormenta. Entonces, cuando el estrés comience a aparecer, apóyate en las promesas de Dios y deja que Su presencia te consuele como un cálido abrazo en un mal día.

- **Ventilar, no reprimir:** David no endulzó sus sentimientos; lo dejó salir todo: el miedo, la ira, la frustración. No intentó fingir que todo estaba bien cuando no lo estaba; se mantuvo sincero con Dios y derramó su corazón en oraciones crudas y honestas. Así que cuando llegue el estrés, no lo reprima: déjelo salir. Habla con Dios como lo harías con un amigo y observa cómo se te quita el peso de encima.

- **Encuentre la paz en la adoración:** David sabía que la adoración cambiaba las reglas del juego cuando se trataba de lidiar con el estrés. No sólo cantaba canciones; derramó su corazón en adoración, dejando que la música calmara su alma y le levantara el ánimo. Entonces, cuando el estrés comience a agobiarlo, suba el volumen de las melodías de adoración y deje que la música lo invada como una ola de paz y consuelo.

Lecciones clave:

- **Apóyate en las promesas de Dios:** Cuando llegue el estrés, recuerde que nunca está solo: Dios está con usted en cada paso del camino. Confía en sus promesas y encuentra consuelo en su presencia.

- **Ventilar, no reprimir:** No reprimas tus sentimientos; déjalos salir. Habla con Dios honesta y abiertamente, y observa cómo se te quita el peso de encima.
- **Encuentre la paz en la adoración:** Recurra a la adoración como fuente de paz y consuelo en momentos de estrés. Deja que la música calme tu alma y te levante el ánimo, recordándote la bondad y la fidelidad de Dios.

Preguntas de reflexión:

- ¿Cómo responde normalmente al estrés en su vida? ¿Tiende a reprimirlo o encuentra formas saludables de desahogarse y afrontarlo? ¿Cuáles son algunas estrategias o prácticas que le ayudan a encontrar paz y consuelo en medio del estrés?
- ¿Alguna vez ha recurrido a la adoración o la oración como una forma de lidiar con el estrés? ¿Cómo afectó su forma de pensar y su bienestar emocional?
- ¿Hay algún Salmo o pasaje específico de las Escrituras que te resulte familiar cuando te sientes estresado o abrumado? ¿Cómo brindan consuelo y aliento en tiempos difíciles?

Punto de oración:

Dios, gracias por el ejemplo de David, que nos muestra cómo manejar el estrés con honestidad, vulnerabilidad y confianza en Tus promesas. Mientras enfrentamos los desafíos y las presiones de la vida, ayúdanos a acudir a Ti en oración y adoración, encontrando paz y consuelo en Tu presencia. Que Tu Espíritu nos llene de fuerza y resiliencia, permitiéndonos superar el estrés con gracia y fe. Amén. 🔔 🎶

Lección 40: La virtud de la paciencia: esperar las promesas de Dios

Muy bien, familia, hablemos de paciencia: la lucha es real, ¿verdad? Pero cuando se trata de esperar las promesas de Dios, nadie tiene tiempo para la impaciencia. Así que tomemos una página del manual de algunos OG como Abraham y Sara y aprendamos cómo esperar en Dios como un jefe.

Versículos de la Biblia:

Salmo 27:14: "Espera en el Señor; sé fuerte y anímate y espera en el Señor".

Exposición:

Abraham y Sara tenían que ver con esa vida de espera. Cuando Dios les prometió un hijo en su vejez, dijeron: "¿En serio, Dios? ¿Estás seguro de esto?" Pero incluso cuando parecía que las promesas de Dios tardaban una eternidad en hacerse realidad, no perdieron la esperanza: esperaron pacientemente, confiando en el tiempo de Dios.

- **Confiando en el tiempo de Dios:** Seamos realistas: esperar apesta. Ya sea que esté esperando que un sueño se haga realidad, una oración que sea respondida o una promesa que se cumpla, la paciencia no es exactamente nuestro fuerte. Pero Abraham y

Sara nos recuerdan que el tiempo de Dios es perfecto, incluso cuando no se alinea con nuestro cronograma. Entonces, cuando la impaciencia comience a aparecer, recuerde que Dios tiene esto: Él nunca llega tarde, nunca llega temprano, siempre llega justo a tiempo.

- **Mantenerse fiel en la espera:** Esperar no se trata sólo de estar de brazos cruzados; se trata de permanecer fiel y obediente a la voluntad de Dios, incluso cuando parezca que nada está sucediendo. Abraham y Sara no se quedaron sentados esperando que Dios cumpliera su promesa; continuaron viviendo su fe, confiando en Su fidelidad y provisión. Entonces, cuando estés en la temporada de espera, sigue adelante con fe, sabiendo que Dios está trabajando detrás de escena, orquestando Sus planes para tu vida.

- **Encontrar fuerza en la espera:** Seamos realistas: esperar es un trabajo duro. Se necesita fuerza y coraje para seguir creyendo y confiando en las promesas de Dios, especialmente cuando la espera parece interminable. Pero aquí está la cuestión: esperar no es una actividad pasiva; es una oportunidad para crecer y madurar en tu fe. Entonces, cuando te sientas cansado por la espera, apóyate en la fuerza de Dios y anímate: Él está contigo en cada paso del camino.

Lecciones clave:

- **Confía en el tiempo de Dios:** Recuerde que el tiempo de Dios es perfecto, incluso cuando no se alinea con el suyo. Confía en Su fidelidad y provisión, sabiendo que Él está trabajando entre bastidores, incluso en la espera.

- **Manténgase fiel y obediente:** Utilice la temporada de espera como una oportunidad para crecer y madurar en su fe. Sigue adelante en obediencia a la voluntad de Dios, confiando en que Él tiene un propósito y un plan para tu vida, incluso en la espera.
- **Encuentre fuerza en la presencia de Dios:** Apóyate en la fuerza de Dios y anímate durante la temporada de espera. Recuerda que no estás solo: Dios está contigo y te da la fuerza y el coraje que necesitas para resistir y perseverar.

Preguntas de reflexión:

- ¿Cuáles son algunas áreas de tu vida en las que actualmente estás esperando las promesas o la dirección de Dios? ¿Cómo responde usted normalmente a la espera: con paciencia y confianza, o con impaciencia y duda?
- ¿Cómo puedes utilizar la temporada de espera como una oportunidad para crecer y madurar en tu fe? ¿Existen prácticas o hábitos específicos que puedas adoptar para permanecer fiel y obediente a la voluntad de Dios, incluso cuando sientas que no pasa nada?
- Cuando te sientes cansado por la espera, ¿adónde acudes en busca de fuerza y aliento? ¿Cómo puedes apoyarte más plenamente en la presencia y provisión de Dios durante estos tiempos de espera?

Punto de oración:

Dios, gracias por el ejemplo de Abraham y Sara, mostrándonos cómo esperar con paciencia y confianza tus promesas. Mientras navegamos por las temporadas de espera en nuestras propias vidas, ayúdanos a confiar en Tu tiempo, a permanecer fieles y obedientes a Tu voluntad y a encontrar fuerza y coraje en Tu presencia. Que Tu Espíritu nos capacite para esperar con paciencia y perseverancia, sabiendo que Tú eres fiel para cumplir Tus promesas en Tu tiempo perfecto. Amén. 🙏⏳

Lección 41: Comunicación en conflicto - Cartas de Pablo

Muy bien, profundicemos en una charla real sobre la comunicación en conflicto, y ¿quién mejor para aprender que el apóstol Pablo de OG? Este tipo sabía un par de cosas sobre cómo lidiar con el drama y los desacuerdos dentro de la iglesia primitiva, y nos dejó algunas cartas de fuego que son básicamente la versión antigua de un chat grupal. Así que toma tu teléfono, abre tu aplicación de la Biblia y aprendamos a manejar los conflictos como un jefe.

Versículos de la Biblia:

Efesios 4:29: "No dejéis que de vuestra boca salga ninguna palabra insana, sino sólo la que sea útil para edificación de los demás según sus necesidades, para que beneficie a los que escuchan".

Exposición:

Pablo no se dedicaba sólo a lanzar bombas de la verdad y difundir el evangelio; también se ocupaba de mantener la paz y resolver conflictos dentro de la iglesia primitiva. Ya sea que se tratara de desacuerdos sobre doctrina, de disputas personales entre creyentes o de denunciar comportamientos tóxicos dentro de la comunidad, Pablo no tenía miedo de hablar y abordar los problemas de frente. Analicemos algunas lecciones clave que podemos aprender de las cartas de Pablo sobre la comunicación en conflictos.

- **Habla la verdad con amor:** Cuando se trata de abordar un conflicto, Pablo buscaba mantenerlo real, pero también sabía la importancia de decir la verdad con amor. En lugar de recurrir a insultos o críticas duras, Pablo animó a los creyentes a comunicarse con bondad, compasión y empatía. Entendió que una comunicación sana consiste en edificar a los demás y buscar la reconciliación, en lugar de derribarlos o intensificar el conflicto.

- **Escuche primero, hable segundo:** Pablo no se trataba sólo de predicar; también se trataba de escuchar. Entendió la importancia de escuchar activamente las perspectivas, preocupaciones y quejas de los demás antes de sacar conclusiones precipitadas o emitir juicios. Animó a los creyentes a ser rápidos para escuchar, lentos para hablar y lentos para enojarse, un principio atemporal que sigue siendo válido en nuestra era digital de reacciones instantáneas y debates acalorados.

- **Busque la reconciliación, no las represalias:** En lugar de avivar el fuego o buscar venganza, Pablo instó a los creyentes a buscar la paz y la reconciliación en medio del conflicto. Les recordó la importancia del perdón, la humildad y la gracia, incluso cuando se sintieron agraviados o maltratados. Entendió que la verdadera reconciliación requiere la voluntad de dejar de lado los rencores, extender la gracia a los demás y trabajar por la curación y la restauración.

Lecciones clave:

- **Habla con amabilidad y empatía:** Comuníquese con bondad, compasión y empatía, buscando fortalecer a los demás y fomentar la reconciliación en lugar de derribarlos o intensificar el conflicto.
- **Escuche primero, hable segundo:** Practique la escucha activa, buscando comprender las perspectivas e inquietudes de los demás antes de ofrecer sus propias opiniones o juicios. Sed prontos para escuchar, lentos para hablar y lentos para enojaros.
- **Buscar la paz y la reconciliación:** En lugar de buscar venganza o alimentar el conflicto, esfuércese por buscar la paz y la reconciliación con los demás. Esté dispuesto a perdonar, extender gracia y trabajar para sanar y restaurar sus relaciones.

Preguntas de reflexión:

- ¿Cómo responde normalmente a los conflictos o desacuerdos en sus relaciones: con amabilidad y empatía, o con ira y actitud defensiva? ¿Cuáles son algunas formas en que puede mejorar sus habilidades de comunicación en tiempos de conflicto?
- ¿Hay áreas en tu vida en las que te cuesta escuchar activamente las perspectivas o preocupaciones de los demás? ¿Qué pasos puedes tomar para convertirte en un mejor oyente y buscar comprensión en tus relaciones?
- ¿Qué significa para usted buscar la paz y la reconciliación en medio del conflicto? ¿Hay alguna

relación o situación en tu vida en la que necesites extender perdón, gracia o humildad?

Punto de oración:

Dios, gracias por el ejemplo de Pablo, mostrándonos cómo comunicarnos con bondad, empatía y gracia en medio del conflicto. Mientras navegamos por los desafíos de las relaciones y los desacuerdos en nuestras propias vidas, ayúdanos a seguir el ejemplo de Pablo, hablando la verdad con amor, escuchando con humildad y buscando la paz y la reconciliación con los demás. Que Tu Espíritu nos capacite para ser agentes de sanación y restauración en nuestras relaciones y comunidades. Amén. 🙏❤️

Lección 42: Presión de grupo y fidelidad - La prueba de Daniel

Muy bien, familia, hablemos de la presión de grupo, porque seamos realistas, todos la hemos sentido en algún momento de nuestras vidas. Pero nadie manejó la presión de sus compañeros como Daniel, el jefe bíblico de OG que se mantuvo firme en su fe incluso cuando todos los demás cedían ante la presión. Así que abramos nuestras Biblias y aprendamos cómo permanecer fieles como un jefe frente a la presión de los compañeros.

Versículos de la Biblia:

Daniel 1:8: "Pero Daniel resolvió no contaminarse con la comida y el vino reales, y pidió permiso al principal oficial para no contaminarse de esta manera".

Exposición:

Daniel no era un tipo cualquiera; era una auténtica leyenda. Cuando él y sus amigos fueron llevados cautivos y llevados a Babilonia, se enfrentaron a una grave presión de grupo para que se adaptaran a la cultura y costumbres de sus captores. Pero Daniel no estaba de acuerdo; resolvió en su corazón permanecer fiel a Dios, incluso si eso significaba estar solo.

- **Manténgase fiel a sus valores:** Mientras todos los demás disfrutaban del espléndido banquete del rey, Daniel trazó una línea en la arena y se negó a comprometer sus valores. Sabía que Dios lo había llamado a vivir una vida de santidad y obediencia, y no estaba dispuesto a dejar que la presión de sus compañeros lo desviara de sus convicciones. Es como cuando tus amigos te presionan para que hagas algo que sabes que no está bien: mantente fiel a tus valores y convicciones, incluso si eso significa permanecer solo.

- **Busque la fuerza de Dios:** Daniel no solo confiaba en su propia fuerza de voluntad para resistir la tentación; estaba aprovechando un poder superior. Buscó la fuerza y la guía de Dios en medio de la tentación, sabiendo que Dios estaba con él y le daría el poder para mantenerse firme. Es como cuando te enfrentas a una decisión difícil o a una tentación: no confíes sólo en tu propia fuerza; busca la ayuda de Dios y confía en que Él te dará la fuerza para vencer.

- **Fijar un ejemplo:** Al mantenerse firme en su fe, Daniel dio un ejemplo a seguir para otros. Su coraje y convicción inspiraron a quienes lo rodeaban a confiar en la fidelidad de Dios y vivir vidas de integridad y obediencia. Es como cuando tus acciones hablan más que las palabras: sé un modelo a seguir para los demás viviendo tu fe con audacia y autenticidad.

Lecciones clave:

- **Manténgase fiel a sus valores:** No comprometas tus valores o convicciones para encajar con la multitud. Mantente firme en tu fe, incluso si eso significa estar solo.

- **Busque la fuerza de Dios:** No confíes en tu propia fuerza de voluntad para resistir la tentación. Busque la fuerza y la guía de Dios, sabiendo que Él está con usted y le dará el poder para mantenerse firme.
- **Fijar un ejemplo:** Sea un modelo a seguir para los demás viviendo su fe con audacia y autenticidad. Tus acciones pueden inspirar a otros a confiar en la fidelidad de Dios y a vivir vidas de integridad y obediencia.

Preguntas de reflexión:

- ¿Alguna vez se ha sentido presionado a comprometer sus valores o convicciones para poder encajar en un grupo o grupo de pares? ¿Cómo respondiste a la situación y qué aprendiste de la experiencia?
- ¿Cuáles son algunas estrategias o prácticas que puedes implementar para mantenerte fiel a tus valores y convicciones frente a la presión de tus compañeros?
- ¿Cómo puedes buscar la fortaleza y la guía de Dios cuando te enfrentas a la tentación o la presión para hacer concesiones? ¿Existen formas específicas en las que puedes cultivar una confianza más profunda en Dios en tu vida diaria?

Punto de oración:

Dios, gracias por el ejemplo de Daniel, mostrándonos lo que significa permanecer firmes en nuestra fe y convicciones, incluso frente a la presión de los compañeros. Mientras navegamos por los desafíos de vivir nuestra fe en una cultura que a menudo se opone a Tus caminos, ayúdanos a seguir el ejemplo de Daniel, manteniéndonos fieles a nuestros valores y buscando Tu fuerza y guía en medio de la tentación. Que Tu Espíritu nos capacite para ser audaces y valientes en nuestra fe, dando un ejemplo a seguir para otros. Amén. 🙏🔥

Lección 43: Equilibrar el trabajo y el descanso - Principios del sábado

Muy bien, hablemos del equilibrio entre el trabajo y la vida personal, porque seamos realistas, todos necesitamos un poco de descanso y relajación en nuestras vidas. Pero encontrar ese equilibrio puede ser una lucha, especialmente en una cultura que glorifica el ajetreo y el trabajo duro. Así que tomemos una página del libro de jugadas de Dios y aprendamos cómo descansar como un jefe con algunos principios del sábado directamente de las Escrituras.

Versículos de la Biblia:

Génesis 2:2-3: "En el séptimo día Dios había terminado la obra que había estado haciendo; así que en el séptimo día descansó de toda su obra. Entonces Dios bendijo el séptimo día y lo santificó, porque en Allí descansó de todo el trabajo de creación que había realizado".

Exposición:

Dios no simplemente creó el universo en seis días y luego se sumergió; También modeló la importancia del descanso al tomar un día tranquilo el séptimo día. Él no necesitaba descansar – quiero decir, Él es Dios – pero lo hizo para mostrarnos a los mortales que el descanso es un ingrediente clave para una vida sana y equilibrada. Así que analicemos algunos principios del sábado y aprendamos a descansar como un jefe.

- **Haga del descanso una prioridad:** Dios no se limitó a dejar un poco de descanso aquí y allá entre reuniones y fechas límite; Lo convirtió en una prioridad. Apartó un día entero –el sábado– para descansar y rejuvenecer. Y no sólo descansó físicamente; También descansó emocional, mental y espiritualmente. Es como cuando bloqueas tiempo en tu agenda para el cuidado personal y el tiempo libre, priorizando el descanso como parte esencial de tu bienestar.

- **Desconectar para reconectar:** Dios no estaba revisando su correo electrónico ni navegando por las redes sociales en sábado; Estaba desconectado y plenamente presente en el momento. Usó el sábado como un momento para desconectarse del ajetreo y las distracciones de la vida y reconectarse consigo mismo y con su creación. Es como cuando apagas tu teléfono y te alejas de la pantalla para pasar tiempo de calidad con tus seres queridos, practicar pasatiempos o simplemente disfrutar de la belleza de la naturaleza.

- **Reflexiona y recarga:** El sábado no se trataba solo de recuperar el sueño o mirar Netflix en exceso; También fue un momento para reflexionar y recargar energías. Dios usó el sábado como una oportunidad para reflexionar sobre Su obra y Sus bendiciones, y para recargar Su cuerpo, mente y espíritu para la próxima semana. Es como cuando te tomas el tiempo para escribir un diario, meditar, orar o realizar actividades que nutren tu alma y renuevan tu energía.

Lecciones clave:

- **Haga del descanso una prioridad:** Prioriza el descanso como parte esencial de tu bienestar, programando tiempo regular para el descanso y el rejuvenecimiento en tu vida.
- **Desconectar para reconectar:** Desconéctate del ajetreo y las distracciones de la vida y vuelve a conectarte contigo mismo, tus seres queridos y tu Creador durante momentos de descanso y relajación.
- **Reflexiona y recarga:** Utilice los períodos de descanso como oportunidades de reflexión, gratitud y renovación espiritual, nutriendo su alma y recargando su energía para los desafíos que se avecinan.

Preguntas de reflexión:

- ¿Cómo prioriza actualmente el descanso en su vida: física, emocional, mental y espiritual? ¿Hay áreas en las que podrías mejorar al hacer del descanso una prioridad?
- ¿Cuáles son algunas formas en las que puedes desconectarte del ajetreo y las distracciones de la vida para reconectarte contigo mismo, tus seres queridos y tu fe durante los momentos de descanso y relajación?
- ¿Cómo puedes utilizar los períodos de descanso como oportunidades de reflexión, gratitud y renovación espiritual en tu vida? ¿Existen prácticas o actividades específicas que te ayuden a recargar y refrescar tu cuerpo, mente y espíritu?

Punto de oración:

Dios, gracias por el don del descanso y la renovación, modelados para nosotros en Tu creación y los principios del sábado. Mientras nos esforzamos por encontrar el equilibrio en nuestras vidas entre el trabajo y el descanso, ayúdanos a priorizar el descanso como una parte esencial de nuestro bienestar. Enséñanos a desconectarnos del ajetreo y las distracciones de la vida y a reconectarnos con nosotros mismos, nuestros seres queridos y Tú durante momentos de descanso y relajación. Que Tu Espíritu nos refresque y renueve cuerpo, mente y espíritu, mientras abrazamos el don del descanso sabático. Amén. 🛐 z^{Zz}

Lección 44: Confiar en Dios en la incertidumbre - La historia de Job

Muy bien, familia, profundicemos en una de las historias más épicas de confianza y resiliencia de la Biblia: la historia de Job. Este tipo pasó por serias pruebas y tribulaciones, pero nunca perdió la fe en Dios, incluso cuando la vida le lanzó la última bola curva. Así que toma tus palomitas de maíz y aprendamos a confiar en Dios como un jefe ante la incertidumbre.

Versículos de la Biblia:

Job 13:15: "Aunque él me mate, en él esperaré; ciertamente defenderé mis caminos en su cara".

Exposición:

Job estaba viviendo su mejor vida: lo tenía todo, familia. Era rico, respetado y bendecido con una familia amorosa. Pero entonces, de la nada, ocurrió el desastre: lo perdió todo. Su riqueza, su salud e incluso su familia desaparecieron en un abrir y cerrar de ojos. Pero en lugar de maldecir a Dios y perder la esperanza, Job permaneció fiel y continuó confiando en la bondad y soberanía de Dios. Analicemos algunas lecciones clave que podemos aprender de la historia de Job sobre confiar en Dios en la incertidumbre.

- **Manténgase fiel en el fuego:** Cuando la vida te golpea con lo inesperado, es fácil perder la fe y cuestionar la bondad de Dios. Pero Job no dejó que sus circunstancias definieran su fe; permaneció fiel incluso en medio del sufrimiento y la incertidumbre. Confió en que Dios tenía el control, incluso cuando todo a su alrededor parecía desmoronarse. Es como cuando estás pasando por un momento difícil: no dejes que el miedo o la duda te abrumen; Confía en que Dios está contigo en el fuego y te ayudará a salir adelante.

- **Aférrate a la esperanza:** Incluso cuando sentía que toda esperanza estaba perdida, Job se negó a perder la esperanza en Dios. Se aferró a la promesa de la fidelidad y la redención de Dios, incluso cuando parecía imposible. Sabía que Dios era más grande que sus circunstancias y que sus planes para él seguían siendo buenos, a pesar del dolor y el sufrimiento que estaba experimentando. Es como cuando enfrentas incertidumbre o adversidad: aférrate a la esperanza, sabiendo que Dios es fiel a sus promesas y nunca te dejará ni te desamparará.

- **Confía en la soberanía de Dios:** Job no tenía todas las respuestas, y nosotros tampoco. Pero confió en la soberanía y la sabiduría de Dios, incluso cuando no podía entender las razones detrás de su sufrimiento. Él entregó el control y puso su confianza en las manos de Aquel que tiene el universo en Sus manos. Es como cuando la vida te lanza una bola curva: confía en la soberanía de Dios, sabiendo que Él está obrando todas las cosas para tu bien, incluso en medio de la incertidumbre y el dolor.

Lecciones clave:

- **Manténgase fiel en el fuego:** Confía en la bondad y la soberanía de Dios, incluso cuando la vida no tenga sentido y estés enfrentando incertidumbre y adversidad.
- **Aférrate a la esperanza:** Aférrate a la esperanza de la fidelidad y la redención de Dios, sabiendo que Él está contigo en medio de tu dolor y sufrimiento.
- **Confía en la soberanía de Dios:** Entrega el control y confía en la sabiduría y soberanía de Dios, incluso cuando no entiendas Sus caminos o Sus planes para tu vida.

Preguntas de reflexión:

- ¿Alguna vez ha experimentado una temporada de incertidumbre o adversidad en la que fue difícil confiar en Dios? ¿Cómo respondiste y qué aprendiste de la experiencia?
- ¿Cuáles son algunas formas prácticas en las que puedes aferrarte a la esperanza y confiar en la fidelidad de Dios en tiempos de incertidumbre o dificultad? ¿Hay promesas específicas de las Escrituras que le resultan reconfortantes o alentadoras en estas situaciones?

- ¿Cómo puedes cultivar un sentido más profundo de confianza en la soberanía y sabiduría de Dios, incluso cuando no comprendes Sus planes para tu vida? ¿Hay áreas en las que necesitas ceder el control y poner tu confianza plenamente en Sus manos?

Punto de oración:

Dios, gracias por el ejemplo de Job, mostrándonos lo que significa confiar en Ti en medio de la incertidumbre y la adversidad. Mientras navegamos por los desafíos e incertidumbres de la vida, ayúdanos a seguir el ejemplo de Job, manteniéndonos fieles en el fuego, aferrándonos a la esperanza y confiando en Tu soberanía y sabiduría. Que Tu Espíritu nos fortalezca para confiar en Ti más profunda y plenamente, incluso cuando no entendamos Tus caminos. Amén. 🙏🔥

Lección 45: Vencer el miedo - El liderazgo de Josué

Muy bien, familia, hablemos del miedo, porque seamos realistas, todos hemos lidiado con él en algún momento de nuestras vidas. Pero nadie venció el miedo como Josué, el líder de OG que condujo a los israelitas a la Tierra Prometida como un jefe. Así que toma coraje y aprendamos cómo superar el miedo como un campeón con algunas lecciones directamente del libro de jugadas de Joshua.

Versículos de la Biblia:

Josué 1:9: "¿No te he mandado? Sed fuertes y valientes. No temáis ni os desaniméis, porque el Señor vuestro Dios estará contigo dondequiera que vayas".

Exposición:

Joshua tenía unos zapatos grandes que llenar, como zapatos del tamaño de Moisés. Pero en lugar de dejar que el miedo lo detuviera, Josué tomó la iniciativa y aceptó su papel como nuevo líder de los israelitas. Confió en las promesas de Dios y en su presencia, incluso frente a desafíos enormes y enemigos intimidantes. Analicemos algunas lecciones clave que podemos aprender del liderazgo de Josué sobre cómo superar el miedo.

- **Se fuerte y valiente:** Cuando Dios llamó a Josué para guiar a los israelitas a la Tierra Prometida, no endulzó la tarea que tenía por delante: iba a ser difícil. Pero también prometió estar con Josué en cada paso del camino, dándole poder para ser fuerte y valiente frente al miedo. Es como cuando te enfrentas a un desafío enorme o a un futuro incierto: no dejes que el miedo te paralice; sed fuertes y valientes, sabiendo que Dios está con vosotros y nunca os dejará.

- **Confía en las promesas de Dios:** Josué no confió en su propia fuerza o habilidades para conquistar la tierra; confió en las promesas de Dios y en su fidelidad para cumplirlas. Sabía que Dios había prometido darles la tierra a los israelitas como herencia y creía que Dios sería fiel a su palabra. Es como cuando enfrentas incertidumbre o duda: confía en las promesas de Dios, sabiendo que Él es fiel a Su palabra y nunca te fallará.

- **Da un paso adelante con fe:** Joshua no esperó a que el miedo desapareciera antes de actuar; dio un paso adelante con fe y obediencia a los mandamientos de Dios, incluso cuando parecía arriesgado o intimidante. Guió a los israelitas a través del río Jordán, marchó alrededor de los muros de Jericó y peleó batallas contra enemigos formidables, todo porque confió en el poder y la presencia de Dios. Es como cuando te enfrentas al miedo: no esperes a que desaparezca; da un paso en fe y obediencia, sabiendo que Dios está contigo y te dará la fuerza que necesitas para vencer.

Lecciones clave:

- **Se fuerte y valiente:** No dejes que el miedo te detenga; sé fuerte y valiente, sabiendo que Dios está contigo dondequiera que vayas.
- **Confía en las promesas de Dios:** Confía en las promesas de Dios y en su fidelidad, sabiendo que Él es fiel a su palabra y nunca te fallará.
- **Da un paso adelante con fe:** Tomen medidas audaces de fe y obediencia, incluso cuando enfrenten incertidumbre o intimidación. Confía en el poder y la presencia de Dios para guiarte y empoderarte.

Preguntas de reflexión:

- ¿Cuáles son algunos miedos o incertidumbres que enfrentas actualmente en tu vida? ¿Cómo impactan estos miedos en tus decisiones y acciones?
- ¿Cómo puedes cultivar una mentalidad de fortaleza y coraje, confiando en la presencia y las promesas de Dios, incluso en medio del miedo?
- ¿Qué pasos de fe y obediencia necesitas dar para superar el miedo y avanzar en tu camino? ¿Cómo puedes confiar en el poder y la guía de Dios para ayudarte a dar un paso de fe?

Punto de oración:

Dios, gracias por el ejemplo de Josué, mostrándonos lo que significa ser fuerte y valiente ante el miedo. Mientras enfrentamos nuestros propios miedos e incertidumbres, ayúdanos a seguir el ejemplo de Josué, confiando en Tus promesas y Tu presencia para guiarnos y empoderarnos. Danos la fuerza y el coraje para dar un paso en fe y obediencia, sabiendo que Tú estás con nosotros dondequiera que vayamos. Amén. 🙏

Lección 46: Navegando por los cambios culturales - Jesús y la mujer samaritana

Muy bien, familia, hablemos de cambios culturales, porque seamos realistas, nuestro mundo cambia constantemente y, a veces, podemos sentir que nadamos contra la corriente. Pero nadie atravesó los cambios culturales como Jesús, quien derribó barreras y cruzó fronteras como un jefe. Entonces, aprendamos a navegar los cambios culturales con gracia y sabiduría sumergiéndonos en el encuentro de Jesús con la mujer samaritana.

Versículos de la Biblia:

Juan 4:9: "La mujer samaritana le dijo: 'Tú eres judío y yo soy samaritana. ¿Cómo puedes pedirme de beber?' (Porque los judíos no se relacionan con los samaritanos)."

Exposición:

En los días de Jesús, había algunas disputas serias entre judíos y samaritanos, como disputas centenarias. Pero Jesús no permitió que las divisiones culturales o las normas sociales dictaran sus interacciones; Cruzó fronteras y se acercó a personas marginadas, incluidos samaritanos, mujeres y marginados sociales. Analicemos algunas lecciones clave que podemos aprender del encuentro de Jesús con la mujer samaritana sobre cómo afrontar los cambios culturales.

- **Derribar barreras:** Cuando Jesús se acercó a la mujer samaritana junto al pozo, no permitió que barreras culturales o sociales se interpusieran en el camino de la relación. Inició una conversación con ella, cruzando fronteras y desafiando las normas sociales, para demostrar el amor y la aceptación de Dios por todas las personas. Es como cuando te enfrentas a divisiones culturales o barreras sociales: no dejes que te separen de los demás; derribarlos con amor y compasión, extendiendo la mano para construir puentes de comprensión y unidad.

- **Valora a cada persona:** Jesús no vio a la mujer samaritana como una samaritana más o una mujer más; La vio como una hija amada de Dios, digna de Su tiempo, atención y amor. Él entabló una conversación con ella, escuchó su historia y le ofreció el regalo del agua viva, un símbolo de renovación y transformación espiritual. Es como cuando te encuentras con personas diferentes a ti: valóralas como individuos únicos, dignos de dignidad, respeto y amor, independientemente de sus antecedentes o creencias.

- **Habla la verdad con gracia:**En su conversación con la mujer samaritana, Jesús no rehuyó decir la verdad, pero lo hizo con gracia y compasión. Él la confrontó gentilmente con la realidad de su pecado y quebrantamiento, al mismo tiempo que le ofrecía la esperanza de redención y nueva vida en Él. Es como cuando participas en conversaciones sobre temas delicados o controvertidos: hablas la verdad con gracia, buscando construir puentes de comprensión y empatía, en lugar de muros de división o juicio.

Lecciones clave:

- **Derribar barreras:** No permita que las barreras culturales o sociales se interpongan en el camino de la relación; extender la mano con amor y compasión para construir puentes de comprensión y unidad.
- **Valora a cada persona:** Ver a cada individuo como un hijo amado de Dios, digno de dignidad, respeto y amor, independientemente de sus antecedentes o creencias.
- **Habla la verdad con gracia:** Comunicar la verdad con gracia y compasión, buscando construir puentes de comprensión y empatía, incluso en conversaciones difíciles o temas polémicos.

Preguntas de reflexión:

- ¿Alguna vez ha experimentado divisiones culturales o barreras sociales que hayan impactado sus relaciones con los demás? ¿Cómo respondiste y qué aprendiste de la experiencia?
- ¿Cómo puedes seguir el ejemplo de Jesús de derribar barreras y llegar a aquellos que están marginados en tu propia vida y comunidad? ¿Hay pasos específicos que puedas tomar para construir puentes de comprensión y unidad con personas que son diferentes a ti?

- ¿Cuáles son algunas formas prácticas en las que puedes decir la verdad con gracia y compasión en conversaciones sobre temas delicados o controvertidos? ¿Cómo puedes abordar estas conversaciones con humildad, empatía y voluntad de escuchar y aprender de los demás?

Punto de oración:

Dios, gracias por el ejemplo de Jesús, mostrándonos cómo navegar los cambios culturales con gracia y sabiduría. Al encontrar divisiones culturales y barreras sociales en nuestras propias vidas y comunidades, ayúdanos a seguir el ejemplo de Jesús, derribando barreras con amor y compasión, valorando a cada persona como un hijo amado de Dios y hablando la verdad con gracia y humildad. Que Tu Espíritu nos capacite para construir puentes de comprensión y unidad, incluso en medio de diferencias culturales y desafíos sociales. Amén.

Lección 47: Sanación y plenitud - Los milagros de Jesús

Familia, hablemos de milagros, no de milagros cualquiera, sino de los épicos realizados nada menos que por el mismo Jesús. Este tipo era como el sanador supremo, trayendo plenitud y restauración dondequiera que iba. Así que profundicemos en algunos de los milagros más enfermizos de Jesús y aprendamos cómo pueden traer sanación y plenitud a nuestras vidas hoy.

Versículos de la Biblia:

Mateo 9:35: "Jesús recorría todos los pueblos y aldeas, enseñando en sus sinagogas, proclamando la buena nueva del reino y sanando toda dolencia y dolencia".

Exposición:

Jesús no sólo habló lo que hablaba; caminó el camino, literalmente. Dondequiera que iba, hacía milagros como si fueran calientes, curaba a los enfermos, resucitaba a los muertos e incluso caminaba sobre el agua como si fuera NBD. Pero estos milagros no fueron sólo para mostrar; eran expresiones tangibles del amor y el poder de Dios, que traían sanación y plenitud a vidas quebrantadas y situaciones desesperadas. Entonces, analicemos algunas lecciones clave que podemos aprender de los milagros de Jesús sobre cómo experimentar sanación y plenitud en nuestras propias vidas.

- **Cree en lo imposible:** Los milagros de Jesús no estuvieron sujetos a las leyes de la naturaleza ni a los límites del entendimiento humano; desafiaron la lógica y la razón, recordándonos que nada es imposible para Dios. Así que cuando te enfrentes a una situación aparentemente imposible – ya sea una dolencia física, una relación rota o una circunstancia desesperada – no pierdas la fe; Cree en el poder de Dios para hacer lo imposible.
- **Recibe la Gracia de Dios:** Las personas que recibieron los milagros de Jesús no fueron necesariamente las más merecedoras o justas; a menudo eran los parias, los marginados, los ignorados. Pero Jesús no discriminó; mostró gracia y compasión hacia todos los que acudían a él con fe, independientemente de su origen o estatus. Entonces, cuando necesites sanación y plenitud, ya sea física, emocional o espiritual, no dudes en venir a Jesús con el corazón abierto, listo para recibir su gracia y misericordia.
- **Camina en libertad:** Los milagros de Jesús no se referían sólo a la curación física; se trataba de liberar a las personas: libres de la esclavitud, libres de la opresión, libres de las cadenas que los mantenían atados. Entonces, cuando experimentes sanación y plenitud en tu vida, ya sea a través de una intervención milagrosa o de un proceso gradual de restauración, no lo des por sentado; camina en la libertad que Jesús ha ganado para ti, abrazando la vida abundante que vino a darte.

Lecciones clave:

- **Cree en lo imposible:** Confía en el poder de Dios para hacer lo imposible, incluso en medio de situaciones aparentemente desesperadas.
- **Recibe la Gracia de Dios:** Ven a Jesús con el corazón abierto, dispuesto a recibir su gracia y misericordia, independientemente de tus circunstancias pasadas o presentes.
- **Camina en libertad:** Abrace la libertad y la plenitud que ofrece Jesús, viviendo una vida marcada por la gratitud, la alegría y el propósito.

Preguntas de reflexión:

- ¿Alguna vez ha experimentado una intervención milagrosa o un momento de curación y plenitud en su vida? ¿Cómo fue y cómo te impactó?
- ¿En qué áreas de tu vida necesitas sanación y plenitud ahora mismo: física, emocional y espiritual? ¿Cómo puedes venir a Jesús con el corazón abierto, listo para recibir su gracia y misericordia en esas áreas?
- ¿Cómo puedes caminar en la libertad y la plenitud que ofrece Jesús, abrazando la vida abundante que vino a dar? ¿Existen pasos específicos que puedas seguir para vivir una vida marcada por la gratitud, la alegría y el propósito?

Punto de oración:

Dios, gracias por el ejemplo de Jesús, quien trajo sanidad y plenitud dondequiera que fue. Mientras enfrentamos desafíos y luchas en nuestras propias vidas, ayúdanos a creer en el poder de Tus milagros, a recibir Tu gracia y misericordia con corazones abiertos y a caminar en la libertad y la plenitud que Jesús ofrece. Que Tu Espíritu nos capacite para vivir vidas marcadas por la gratitud, la alegría y el propósito, trayendo gloria a Tu nombre. Amén. 🙏✨

Lección 48: Construyendo resiliencia - Lecciones de las Bienaventuranzas

Muy bien, equipo, hablemos de resiliencia, porque seamos realistas, la vida puede presentarnos obstáculos importantes y, a veces, parece que apenas podemos aguantar. Pero Jesús tenía algo de sabiduría directa que compartir sobre cómo desarrollar resiliencia y prosperar en medio de la adversidad, y todo comienza con las Bienaventuranzas. Así que tomen sus cuadernos y aprendamos a recuperarnos como un jefe con algunas lecciones de las Bienaventuranzas.

Versículos de la Biblia:

Mateo 5:3-12: "Bienaventurados los pobres de espíritu, porque de ellos es el reino de los cielos... Bienaventurados los que lloran, porque serán consolados... Bienaventurados los mansos, porque serán heredarán la tierra... Bienaventurados los que tienen hambre y sed de justicia, porque serán saciados... Bienaventurados los misericordiosos, porque a ellos se les mostrará misericordia... Bienaventurados los de limpio corazón, porque verán a Dios ... Bienaventurados los pacificadores, porque serán llamados hijos de Dios... Bienaventurados los que padecen persecución por causa de la justicia, porque de ellos es el reino de los cielos."

Exposición:

Las Bienaventuranzas no son sólo algunos tópicos para sentirse bien; son un manifiesto radical para vivir una vida resiliente y contracultural en medio de un mundo roto y herido. Jesús cambió el guión de lo que significa ser bendecido, poniendo patas arriba nuestras expectativas y mostrándonos que la verdadera felicidad y plenitud provienen de un lugar de humildad, compasión y fidelidad. Entonces, analicemos algunas lecciones clave que podemos aprender de las Bienaventuranzas sobre cómo desarrollar resiliencia y prosperar frente a la adversidad.

- **Acepte la vulnerabilidad:** Las Bienaventuranzas comienzan con fuerza, declarando "bienaventurados los pobres de espíritu". ¿Traducción? Bienaventurados aquellos que aceptan su vulnerabilidad y reconocen su necesidad de Dios. Es como cuando te sientes destrozado o débil: no intentes fingir ni pretender que lo tienes todo bajo control; acepta tu vulnerabilidad y apóyate en la fuerza y la gracia de Dios.

- **Encuentre consuelo en el duelo:** Las Bienaventuranzas no rehuyen la realidad del dolor y el sufrimiento; lo reconocen de frente y ofrecen consuelo y esperanza en medio del duelo. Es como cuando estás de duelo por una pérdida o estás pasando por un momento difícil: no intentes adormecer el dolor ni acelerar el proceso; permítete llorar, sabiendo que Dios está contigo y te traerá consuelo a su debido tiempo.

- **Busque la rectitud y la justicia:** Las Bienaventuranzas nos llaman a tener hambre y sed de justicia, no sólo para nosotros mismos, sino también para los demás. Nos desafían a defender lo que es correcto, denunciar la injusticia y trabajar por un mundo donde todas las personas sean tratadas con dignidad y respeto. Es como cuando ves injusticia u opresión en el mundo: no hagas la vista gorda ni te quedes en silencio; hable y actúe, sabiendo que el reino de Dios está construido sobre un fundamento de rectitud y justicia.

Lecciones clave:

- **Acepte la vulnerabilidad:** Reconozca su necesidad de la fuerza y la gracia de Dios, aceptando la vulnerabilidad como un camino hacia la resiliencia y el crecimiento.

- **Encuentre consuelo en el duelo:** Permítete llorar y procesar el dolor, confiando en que el consuelo de Dios te sostendrá en los momentos difíciles.

- **Busque la rectitud y la justicia:** Defiende lo que es correcto, abogando por la justicia y la igualdad para todos, en consonancia con los principios del reino de Dios.

Preguntas de reflexión:

- Reflexiona sobre un momento en el que te sentiste vulnerable o débil. ¿Cómo respondiste y qué aprendiste de la experiencia?
- ¿Ha experimentado duelo o pérdida en su vida? ¿Cómo ha encontrado consuelo y esperanza en esos tiempos difíciles?
- ¿En qué áreas de tu vida te sientes llamado a buscar rectitud y justicia? ¿Cómo puedes perseguir activamente estos valores en tus relaciones, comunidad y mundo?

Punto de oración:

Dios, gracias por la sabiduría de las Bienaventuranzas, que nos enseñan cómo desarrollar resiliencia y prosperar en medio de la adversidad. Mientras reflexionamos sobre estas verdades eternas, ayúdanos a aceptar la vulnerabilidad, encontrar consuelo en el duelo y buscar rectitud y justicia en nuestras vidas y en el mundo. Que Tu Espíritu nos capacite para vivir como agentes de Tu reino, trayendo esperanza, sanación y transformación dondequiera que vayamos. Amén. 🙏 ✹

Lección 49: Cultivando un corazón de adoración: Los Salmos del rey David

Muy bien, familia, hablemos de adoración, no solo cantar canciones un domingo por la mañana, sino vivir una vida de adoración todos los días. ¿Y de quién mejor para aprender que del rey David, el extraordinario adorador de OG? Este tipo sabía un par de cosas sobre cómo derramar su corazón ante Dios, y sus Salmos son como la lista de reproducción definitiva para cultivar un corazón de adoración. Así que toma tu guitarra de aire y profundicemos en algunas lecciones de los Salmos de David sobre lo que significa adorar como un jefe.

Versículos de la Biblia:

Salmo 95:1-2: "Venid, cantemos con alegría al Señor; aclamemos a la Roca de nuestra salvación. Lleguemos delante de él con acción de gracias y exaltémoslo con música y cánticos".

Exposición:

David no era sólo un rey; también fue poeta, músico y adorador de corazón. Sus Salmos cubren toda la gama de emociones humanas, desde el gozo y la alabanza hasta el lamento y la tristeza, y nos enseñan que la adoración no se trata sólo de cantar canciones; se trata de derramar nuestro corazón ante Dios con honestidad y vulnerabilidad. Entonces, analicemos algunas lecciones clave que podemos aprender de los Salmos de David sobre cómo cultivar un corazón de adoración en nuestras propias vidas.

- **Expresar gratitud:** Los Salmos de David están llenos de acción de gracias y alabanza, mientras reconoce la bondad y fidelidad de Dios en cada etapa de la vida. Es como cuando cuentas tus bendiciones: no te concentres sólo en los buenos momentos; recuerda la fidelidad de Dios en medio de las pruebas y desafíos, y deja que la gratitud desborde tu corazón.

- **Lamentarse honestamente:** David no rehuyó expresar sus dudas, temores y frustraciones a Dios; lo dejó todo sobre la mesa con un lamento crudo y honesto. Es como cuando te sientes abrumado o desanimado: no reprimas tus emociones ni pongas cara de valiente; derrama tu corazón ante Dios en sincero lamento, sabiendo que Él escucha tus llantos y se preocupa profundamente por ti.

- **Busque la presencia de Dios:**Por encima de todo, los Salmos de David nos enseñan la importancia de buscar la presencia de Dios por encima de todo. Es como cuando anhelas estar cerca de Dios: no te conformes con una adoración superficial o una espiritualidad superficial; acércate a la presencia de Dios con todo tu corazón, alma y fuerzas, y deja que Él te llene con Su paz, gozo y amor.

Lecciones clave:

- **Expresar gratitud:** Reconocer la bondad y fidelidad de Dios en cada etapa de la vida, expresando gratitud y alabanza desde un corazón de acción de gracias.
- **Lamentarse honestamente:** Sea sincero con Dios acerca de sus dudas, temores y frustraciones, derramando su corazón ante Él en un lamento crudo y honesto.
- **Busque la presencia de Dios:** Sobre todo, busca la intimidad y la cercanía con Dios, acudiendo a Su presencia con sinceridad y devoción.

Preguntas de reflexión:

- ¿Cómo expresas actualmente gratitud y alabanza a Dios en tu vida? ¿Hay áreas donde puedas cultivar un mayor sentido de acción de gracias y aprecio por las bendiciones de Dios?
- ¿Alguna vez has experimentado momentos de lamento o lucha en tu relación con Dios? ¿Cómo respondiste y qué aprendiste de la experiencia?
- ¿Cuáles son algunas formas prácticas en las que puedes buscar la presencia de Dios y cultivar un corazón de adoración en tu vida diaria? ¿Cómo puedes priorizar la intimidad con Dios por encima de todo?

Punto de oración:

Dios, gracias por el ejemplo del rey David, quien nos enseña lo que significa adorarte con todo nuestro corazón, alma y fuerzas. Mientras reflexionamos sobre sus Salmos, ayúdanos a expresar gratitud, lamentarnos honestamente y buscar Tu presencia por encima de todo. Que nuestras vidas sean una ofrenda continua de adoración a Ti, trayendo gloria y honra a Tu nombre. Amén. 🙏🎵

Lección 50: Legado e Impacto - La Gran Comisión de Jesús

Familia, llegamos a la lección final, y es importante. Estamos hablando de legado e impacto, y nadie dejó un legado como lo hizo Jesús. Su Gran Comisión no fue sólo una sugerencia; Fue una misión revolucionaria cambiar el mundo, un discípulo a la vez. Así que toma tu capa de superhéroe y aprendamos cómo dejar un legado duradero con algunas lecciones de la Gran Comisión de Jesús.

Versículos de la Biblia:

Mateo 28:19-20: "Por tanto, id y haced discípulos a todas las naciones, bautizándolos en el nombre del Padre y del Hijo y del Espíritu Santo, y enseñándoles a obedecer todo lo que os he mandado. Y ciertamente estaré con vosotros todos los días, hasta el fin del mundo."

Exposición:

La Gran Comisión de Jesús no se trataba sólo de difundir las buenas nuevas de salvación; se trataba de hacer discípulos, seguidores que continuarían Su misión mucho después de que Él se hubiera ido. Y alerta de spoiler: lo hicieron. Desde la iglesia primitiva hasta la actualidad, los discípulos de Jesús han ido cambiando el mundo vida a vida, dejando un legado de amor, gracia y transformación. Entonces, analicemos algunas lecciones clave que podemos aprender de la Gran

Comisión de Jesús sobre dejar un legado y un impacto duradero.

- **Haz discípulos:** El corazón de la Gran Comisión de Jesús es el discipulado: el proceso de guiar a otros a una relación transformadora de vidas con Él. Es como cuando estás asesorando a alguien o invirtiendo en su crecimiento: no te concentres sólo en el impacto superficial; Haz discípulos que continuarán con la misión mucho después de que te hayas ido, multiplicando tu impacto para las generaciones venideras.

- **Vivir con Propósito:** La Gran Comisión de Jesús no fue sólo un viaje misionero de una sola vez; era un estilo de vida de propósito e intencionalidad. Es como cuando vives en una misión: no te limites a seguir los movimientos ni a vivir la vida sin rumbo fijo; Viva con propósito y pasión, sabiendo que cada momento es una oportunidad para hacer una diferencia para el reino de Dios.

- **Confía en la presencia de Dios:** Jesús no envió a sus discípulos solos a esta misión; Prometió estar con ellos siempre, hasta el fin de los tiempos. Es como cuando das un paso de fe: no confíes en tu propia fuerza o habilidades; Confía en la presencia y el poder de Dios para guiarte y empoderarte en cada paso del camino.

Lecciones clave:

- **Haz discípulos:** Invierta en los demás y llévelos a una relación transformadora de vidas con Jesús, multiplicando su impacto para las generaciones venideras.

- **Vivir con Propósito:** Viva intencionalmente, aprovechando cada oportunidad para marcar la diferencia para el reino de Dios y dejar un legado de amor y transformación.
- **Confía en la presencia de Dios:** Confía en la presencia y el poder de Dios para guiarte y empoderarte, sabiendo que Él está contigo siempre, hasta el final.

Preguntas de reflexión:

- ¿Quiénes son las personas en tu vida en las que puedes invertir y discipular? ¿Cómo puedes intencionalmente sumergirte en sus vidas y acercarlos a Jesús?
- ¿Qué significa para ti vivir con propósito e intencionalidad en tu vida diaria? ¿Cómo puedes aprovechar cada oportunidad para hacer una diferencia para el reino de Dios?
- ¿En qué áreas de tu vida necesitas confiar más plenamente en la presencia y el poder de Dios? ¿Cómo puedes apoyarte en Su fuerza y guía mientras buscas dejar un legado de impacto y transformación?

Punto de oración:

Dios, gracias por el ejemplo de Jesús y Su Gran Comisión, que nos desafía a dejar un legado de amor y transformación.

Mientras reflexionamos sobre este llamado al discipulado, ayúdanos a invertir en los demás, vivir con propósito y confiar en Tu presencia y poder. Que nuestras vidas sean un testimonio de Tu bondad y gracia, dejando un impacto duradero en el mundo que nos rodea. Amén. 🙏●

Carga final

Y ahí lo tienes, familia: 50 lecciones de la Biblia,
para esta nueva generación. Que estas verdades eternas te
inspiren y te capaciten para vivir una vida con propósito,
pasión e impacto, mientras viajas con Dios y haces una
diferencia en el mundo que te rodea. ¡Tranquilízate! ✌📖